U0149217

明代兵器研究初稿

林智隆・陳鈺祥編著

中國歷代兵器研究系列

文史哲出版社印行

國家圖書館出版品預行編目資料

明代兵器研究初稿 / 林智隆,陳鈺祥編著. --
初版.--臺北市：文史哲，民 98.12
　　頁：　公分（中國歷代兵器研究系列；5）
含參考書目
ISBN 978-957-549-869-6 (平裝)

1. 兵器　2. 明代

595.99　　　　　　　　　　　　96018256

中國歷代兵器研究系列 5

明代兵器研究初稿

編 著 者：林 智 隆 ‧ 陳 鈺 祥
監　　 製：郭常喜 ‧ 郭常喜兵器藝術文物館
出 版 者：文 史 哲 出 版 社
http://www.lapen.com.tw
登記證字號：行政院新聞局版臺業字五三三七號
發 行 人：彭　　　　正　　　　雄
發 行 所：文 史 哲 出 版 社
印 刷 者：文 史 哲 出 版 社
　　臺北市羅斯福路一段七十二巷四號
　　郵政劃撥帳號：一六一八〇一七五
　　電話886-2-23511028 ‧ 傳真886-2-23965656

實價新臺幣一〇〇〇元

中華民國九十八年（2009）十二月一日BOD初版

《明代兵器研究初稿》
目 錄

《出警入蹕圖》，國立故宮博物院藏

封面圖片來源："Medieval Chinese Armies 1260-1520"（明軍與蒙古之戰）

封底圖片來源："Siege Weapons of the Far East 960-1644"（明軍與後金會戰）

目　錄

第一章 前 言

〈佩刀行〉序：金華之永康有山曰雲巖，拔起天半。有巨舟藏壑中，舟尾翹出如蝟。一釘墜崖下，野僧得之，以遺張君孟兼，孟兼製為佩刀，銛利特甚。尊生為作歌。詩：神人藏舟半天裡，絶壑谺谺露舟尾；錚然有物墮中宵，八觚棱嶒長尺只。野僧拾之歸張公，化為天矯蒼精龍。不知何世何年撥奇氣，剚犀斷虎一旦生神通，魍魅却走妖邪空。張公佩到蓬萊殿，天上群仙驚未見；青絲緱懸白玉環，當晝孤光搖冷電。為君淬厲向盤根，縱有青萍何足羨。他年榮辭歸浙山，莫行金華赤松間，精靈感會霹靂吼，便恐飛去無時還。

明 徐尊生〈佩刀行〉[1]

明朝（1368－1644），在中國歷史巨河中，上承元朝（1271－1368），下啓清朝（1644-1911）的時代。以漢民族為主體，經過無數戰爭終將蒙古族的統治王朝推翻，建立起國號大明的君主專制王朝。在明朝武功極盛的背景之下，造就了嶄新的軍事科技與英雄事蹟，更有眾多的文人雅士歌頌著明代武備之情形；其中，著名畫家及書法家徐渭曾以行草寫下《應制詠劍詞軸》：「歐冶良工，風胡巧手，鑄成射鬥光芒。掛向床頭，蛟鱗一片生涼。枕邊凜雪，匣內飛霜，英雄此際肝腸。問猿公，家山何處，在越溪傍。見說，胡塵前幾歲，秋高月黑，時犯邊疆。近日稱藩，一時解甲披韁。即令寸鐵堪消也，又何勞，三尺提將。古人云，安處須防，但記取，戎兵暇日，不用何妨。」[2] 徐渭曾任浙閩總督胡宗憲幕賓，以草

---

[1] 明代徐尊生（明初，1370 年代前後在世），字大年，淳安人。洪武二年（1369）召修元史。史成，受賜歸。複召修日曆。後以宋濂薦，授翰林應奉文字，草制悉稱旨。《中國文學資料庫‧明代詩選》，徐尊生，〈佩刀行‧并序〉。明朝永樂皇帝御製劍，圖片來源：皇甫江，《中國刀劍》（北京：明天出版社，2007），頁 110。

[2] 徐渭（1521-1593），浙江山陰人，字文長。民間關於徐渭、徐文長的傳說很多，似乎他諧諧怪誕的生平事蹟長久為民間感到興趣。事實上徐渭是名才華極高，卻際遇坎坷的文人。除精通畫作外，在書法、詩詞、戲曲上的成就都很大，但是徐渭似乎很孤傲自負，更難容於世俗，在精神上常常流露出沮喪悲鬱的心情，他曾數度自殺，後又因殺妻入獄，在監牢中關了七年之久。白立獻，陳培站編，《徐渭書法精選》（河南：河南美術出版社，2007）。

第一章 前言

《獻白鹿表》負有盛名，對於抗倭軍事多所策劃，知兵事，好奇計，胡宗憲擒海盜徐海、誘王直，皆預自其謀。《詠劍詞》中認為「陳兵不忘武」，但亦有「不用何妨」的俠士氣度。又，畫家沈貞（即沈貞吉）曾云：「三尺精靈夜吐輝，曾聞天上龍化飛；千金空落英雄手，不斷人間是與非。」[1]「名劍」與龍蛇的聯想，並非只是徐尊生、徐渭、沈貞等詩人們的空想，更是明朝沿續著先秦時代，對於劍的崇拜心理，象徵著中華民族的雄性生命力信仰，表現出深層潛意識中的強悍雄武而輝煌之民族特質。

中國歷史「合久必分，分久必合」，每逢亂世之時，便是形成群雄逐鹿中原，爭奪天下的局面。往往於每次混戰的最後，中國必會回歸到天下歸一的版圖。元朝末年，朝政腐敗，官員貪污情形嚴重。號稱草原民族的驕傲－蒙古族於建國之初，武功強盛，軍政奇才「吾圖撒合理」（長髯人）耶律楚材（1189－1243），在窩闊臺汗時期參與軍政財等議事，為蒙古國制定君臣禮儀，立課稅制度，並廢屠城舊制，保全諸地人民；另外，廣設編修所、經籍所、印儒家經典，開科取士，漸興文教，召用儒者。如此，使得蒙古國一時稱霸世界。而忽必烈建立元朝後，元政府發行的中統寶鈔、至元寶鈔等，長期流通使用於民間。但是，元末以順帝為首的蒙古貴族及喇嘛「醜聲穢行，著聞於外，雖市井之人，亦惡聞之。」[2] 地高度集中，蒙古貴族多成為大地主，亟需財帛而剝削人民，豪奪專橫。元政府除加重賦稅外更濫發新鈔「至正寶鈔」，導致金融紊亂，民間飽受嚴重的通貨膨脹，民生不濟。至正十一年（1351），元政府徵調農民和兵士十幾萬人治理黃河水患，黃河兩岸農民本除飽受饑荒之苦，積怨已深。於是，「變鈔」和「治河」成為民變爆發的導火線，終致各地起義軍蜂擁而起，驅除蒙古族在中國的政權。

元朝至正十一年（1351）五月，由明教、彌勒教、白蓮教等民間宗教結合所發動的紅巾軍（又被稱作香軍）武裝起事。次年，郭子興聚眾起義，攻佔濠州（今

---

[1]《詠劍》此詩出自沈貞吉，生於 1400 年，卒年不詳，明代畫家。一名貞吉，號南齊、陶然道人，長洲（今江蘇蘇州）人。工唐律，善繪事，山水取法董源，略具煙林清曠、平淡天真之趣。
[2] 宋濂，《元史》，卷二百五〈姦臣·哈麻傳〉。

安徽鳳陽）。不久，貧苦農民出身的安徽鳳陽人朱元璋投奔郭子興，屢立戰功，

得到郭子興的器重和信任，並娶郭子興養女爲妻。之後，朱元璋離開濠州，發展

自己的勢力。十五年（1355）中原戰局有所轉變，杜遵道、劉福通先立韓林兒爲

帝，[1] 稱號小明王，國號宋，都亳州，改元龍鳳。十六年（1356），朱元璋率兵

佔領集慶（今江蘇南京），改名爲應天府，並攻下周圍一些軍事要地，獲得了一

塊立足的基地。初時的朱元璋「初起鄉土，本圖自全」、「孤軍保城」，[2] 遠不

及其他起義軍勢力，處境十分艱難。朱元璋採納了謀士朱升「高築牆，廣積糧，

緩稱王」[3] 的建議，經過幾年努力，朱元璋軍事和經濟實力迅速壯大。

圖 1-1　1580 年，明朝疆域示意圖

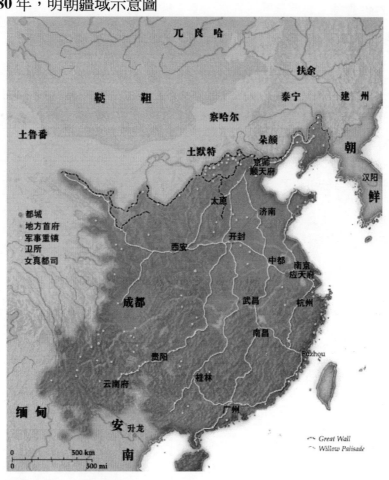

圖片來源：維基百科，明朝條。

---

[1] 張廷玉，《明史》，卷一百二十二〈韓林兒傳〉。韓林兒父山童謂「天下當大亂，彌勒佛下生。」…
劉福通與其黨杜遵道、羅文素、盛文郁等復言「山童，宋徽宗八世孫，當主中國」。
[2] 《明史》，卷一〈太祖本紀〉、卷一百二十二〈韓林兒傳〉。
[3] 《明史》，卷一百三十六〈朱升傳〉。

第一章 前言

至正二十年（1360），朱元璋和陳友諒雙方於集慶城（今南京）西北方的龍灣海面展開惡戰；不巧江水退潮，百艘巨艦擱淺，陳友諒大敗，全軍退至江州（九江）。1363 年，通過此次鄱陽湖水戰，陳友諒勢力基本被消滅，1367 年，朱元璋攻下平江（今蘇州），吳王張士誠自盡。同年朱元璋又消滅割據浙江沿海的方國珍。1368 年正月，朱元璋在應天稱帝，建立了明朝。之後趁元朝內訌之際乘時北伐和西征，同年攻佔大都（今北京），元朝撤出中原。1371 及 1381 年，朱元璋繼續消滅稱帝於重慶，國號夏的明玉珍勢力（子明昇）和據守雲南的元朝梁王巴匝剌瓦爾密。1388 年，又深入北方沙漠，進攻北元，天下至此初定。

圖 1-2　方國珍畫像

方國珍（1319－1374），元末台州黃岩（今浙江黃岩）人，方國珍世以浮海販鹽為業，兄弟五人，以此為生。元朝末年，統治者對百姓的壓迫和管制十分惡劣。當時不管哪一家人結婚，新婚之夜新娘子必須由元人佔有，名曰初夜權；又怕漢人反抗，每十戶人家才准許用一把菜刀，而且還用鐵鏈鎖在屋柱或井岸上。加上當時災害多，民不聊生。陶宗儀輯有浙東民謠曰：「天高皇帝遠，民少相公多；一日三遍打，不反待如何」；台州也有「洋嶼青，出海精」的謠諺，「洋嶼」，就是洋嶼山；「海精」指方國珍。百度知識

圖 1-3　張士誠

張士誠（1321－1367），元末泰州白駒場（今江蘇大豐西南白駒）人，小名九四，出身鹽販。至正十三年（1353），與其弟士義、士德、士信及李伯升等率鹽丁起兵反元，攻佔泰州、興化、高郵等地。次年正月，在高郵稱誠王，建國號大周，改元天佑。高郵曾一度被元大軍包圍，後因主帥丞相脫脫臨陣遭貶，元軍自亂，他乘勢出擊獲勝。十五年，由通州（今江蘇南通）渡江南攻。隨後，與朱元璋軍交兵。十七年，敗於朱元璋軍，降元朝，被封為太尉。二十三年，派兵進攻安豐（今安徽壽縣），逼走劉福通和韓林兒，自稱吳王。二十七年，平江被朱元璋軍攻破，被俘至應天（今江蘇南京），自縊死。互動百科

4

　　中國古代兵器的發展，可分作冷兵器及火兵器兩大類。而「冷兵器」可分為長兵、短兵、射遠器、衛體武器、戰車、攻守城器械等類別；「火兵器」則是透過火藥成為殺傷力強大的利器，可分為銃、鎗、火箭、炮及彈藥等。歷史上的兵器發展，中國宋代之前屬於冷兵器時代，北宋以後則是冷兵器和火兵器並存在戰場上。明初，由於火器得到空前的發展，導致戰爭形態的轉變，冷兵器在戰場上淪為短兵相接之用，同時冷兵器拿來練武健身的功能日益重要；因此刀術成為明代蓬勃發展的武技，門派紛雜，刀種繁多。明代受日本朝貢刀具與海寇入侵影響，名將大臣多致力於單兵武器的改良，且當代製鋼技術進步，社會承平時期較長，於是輕巧流暢、鋒利堅固的刀刃與精緻華麗的刀裝，成為明代兵器的特色。如此，亦影響到清代冷兵器，在形制與種類變化不多，只有在裝飾工藝更趨於多元化。

圖1-4　陳友諒雕像

陳友諒（1320－1363），沔陽黃蓬人。至正十一年（1351），投靠徐壽輝。僅年餘，連克元十餘城，讓諒成為三楚領袖。十九年（1359），諒始與朱元璋西面衝突。後稱漢王，壽輝僅擁虛位。二十年（1360），諒派部將殺壽輝，即皇帝位，國號漢，年號大義。後與朱對仗數次，諒大造樓船數百，樓船高數丈，精選銳卒60萬攻打南昌。但諒軍大敗，敗走並探頭出艙時為流矢所中而亡。仙桃地名網

圖1-5　劉福通畫像

劉福通，元末（？～1363年），潁州人（今安徽阜陽），紅巾軍領袖。因反對元朝統治，加入白蓮教，秘密反元。至正十一年（1351），追隨韓山童，於潁上起義。事洩，韓山童被殺，逃回潁州。後與杜遵道再次起兵。參加者以紅巾裹頭，號「紅巾軍」。五月攻下潁州，隨之連克數地，眾至十萬餘。十五年二月迎韓山童之子林兒至濠州為帝，號小明王，國號宋，年號龍鳳，建都亳州，掌國政。十九年，汴梁失守，護小明王退保安豐。二十三年，張士誠軍陷安豐，兵敗犧牲。王雙寬，《百位英雄榜》

第一章 前言

聖賢孔子曾云：「有文事者，必有武備。」[1] 而中華民族歷朝歷代的發展過程中，兵器代表著當代科技文明之櫥窗，文化藝術的象徵，可以說是一個相當值得深入研究的議題。孫子曰：「兵者，國之大事，死生之地，存亡之道，不可不察也。」[2] 左傳則記載：「國之大事，在祀與戎。」[3] 由此可知，其時主政者所重視的，除了崇拜祖先、神祇等祀事外，即為刀光劍影、攻城掠地，殘酷的戰爭。因此祭祀的彝器，以及戎事所需要的兵器，就倍受重視。另外，周緯先生在其著作《中國兵器史稿》中講到：「一民族固有之兵器，實與其人種、文化、歷史、科學、美術、技藝，及其民族之消長生息強弱盛衰，有密切之關係。」[4] 一個國家民族若想要在世界上永續發展的話，相信武備是不可缺少的因素，而兵器又是武備中的一個重要環節，因此兵器對於整個國家安全有著重大的影響，此乃兵器值得研究之主要原因。

在漢代，兵器除弩機和矢鏃外，由鐵製逐漸取代青銅材質所出土的兵器有：刀、劍、矛、戟、鎧甲等。其中河北省滿城縣西漢劉勝墓出土的鐵兵器最具代表性，其中對部分兵器予以研究，在材質上與戰國時期沒有區別，皆是以鐵製為主，仍是塊煉滲碳鋼，但是其中所夾帶的雜質變少，高、低碳之間碳含量差距甚小，表示此時兵器製作時，反覆加熱鍛打，提高了鐵製的質量。漢代刀劍的刃部，均進行了局部淬火，得到高度的堅硬，而在刀劍脊部依然保持韌性，使之剛柔並濟，適應當時騎兵作戰的需求。而為了抵抗鐵兵器強大的攻擊性，漢代的防護兵器，也隨之改進。到了魏晉南北朝時期，由於戰爭與屯田的需求，各政權首推冶鐵科技，在生產規模、冶煉設備和鍛造的工藝技術上，皆比秦漢有了更大的發展。此時的工匠改進馬排成水排，利用水力來鼓風，提高了冶煉的強度，其中百煉鋼技術的持續推廣，以及灌鋼法（淬火成鋼，亦即雜煉成鋼）的發明，對於兵器生產力的發展，起了重要的進步功用與效能。

---

[1] 漢・司馬遷，《史記》（《景印文淵閣四庫全書》第 244 冊），卷四十七〈孔子世家〉，頁 238。
[2] 孫子，《孫子兵法》，第一篇〈始計〉。
[3] 左丘明，《左傳》，卷三〈隱公五年〉。
[4] 周緯，《中國兵器史稿》（北京：三聯書局，1957），頁 1。

圖 1-6　明代彩繪儀仗俑（鎮國將軍墓）

圖片來源：胡敏，馬學強著，《話說中國：
　　　　　集權與裂變－1368 年至 1644 年的
　　　　　中國故事（明）》（上海：上海文藝出
　　　　　版社，2005），頁 239（陝西）、266-267。

圖 1-7 明朝武將石像

左圖：泰國大王宮內之明朝武將石
像。圖片來源：中國國家博物館，
《文物中國史—明清時代》，（香
港：中華書局，2004），頁80。

右圖：持鎚明朝武將石像。圖片來源：中國國
家博物館，《文物中國史—明清時代》，頁55。

　　大唐盛世時，唐太宗李世民留心政事，虛心納諫，整個社會逐漸恢復安定與繁榮，後世稱爲「貞觀之治」；唐軍曾擊滅東突厥，被西北各族長尊奉爲「天可汗」，[1] 而之後的高宗、武后至玄宗在位的百餘年間，唐代經濟繁榮，與世界交往頻繁，西面通過絲綢之路與中亞各國聯繫，東面則航行海路對日本產生深遠的影響，因此當時的中國成爲一個世界強國，唐代的昌盛足與漢代相媲美。唐代吸收了南北朝與外來文化，慢慢形成全新面貌的唐文化，此文化影響到許多國家的政治、經濟、教育、軍事、社會等層面，在兵器部分，亦有所展現，像是：從漢代開始發展的環首刀，到了唐代以後，仍被軍隊所使用著，此刀流傳到日本後，遂形成「唐樣大刀」。隋唐五代的兵器工藝，亦受到佛教的影響。佛教正是在這段歷史時期上扎根中國、風靡中國的。佛教在三國兩晉時，尚屬萌芽期，到了南北朝即從信仰、精神層面征服一切的民族和所有階層。至隋唐時，佛教始在藝術、文化等層面，深刻地改變中國。以兵器爲例，在中亞傳播已久的佛教，歷經印度、波斯、突厥等中亞民族文化的洗禮，佛像的甲冑製作上，沾取各民族的風格，到了中國後形成一種集大成的甲冑形制，佛教眾護法神像表現出東方的新式甲冑。

　　唐玄宗後期，朝政日壞，導致「安史之亂」的發生，唐朝就此中衰。「安史之亂」後，許多將領掌握地方軍政大權，不服朝廷的指揮，因此形成擁兵自重的藩鎮割據。另一方面，宦官亦掌握中央軍隊，干預起朝政；而朝中大臣各自結黨奪權，形成黨爭。藩鎮割據、宦官亂政與黨爭，致朝政轉爲一個混亂局面，在唐朝末年爆發了「黃巢之亂」，戰亂遍及全國，唐朝賴以爲生的江面經濟命脈受到了截斷。此後，黃巢降將朱溫平定亂事，但不久即代唐自立，建立後梁，開啓了「五代十國」的新局面。「五代十國」時期的兵器基本上繼承了唐代兵器的發展水準，主要是在鎧甲有所變化，另外通過各國間無數的征戰，致使攻守城池的特殊器械更加精良，提供明朝一個新時代的兵器發展（火兵器）。本文將通過從繼承元代之前科技的明代，於中國歷史上兵器形制變化的論述，來探究此時期兵器

---

[1] 中國古代西北各部族的君長稱爲可汗，「天可汗」就是指全天下的君主。

的演變原因及其對中國科技、工藝、戰術上的影響，作一個初步的認識。

圖 1-8　明代紫禁城圖畫

圖片來源：《明宮城圖》描繪了明代紫禁城的全貌，圖中右下方穿官服者爲設計
　　　　者蒯祥（1397－1481）。明·蒯祥畫，南京博物院藏。左下圖：《話說
　　　　中國：集權與裂變－1368 年至 1644 年的中國故事（明）》，頁 78。

第二章　明代武備之形制

大江來從萬山中，山勢盡與江流東。鐘山如龍獨西上，欲破巨浪乘長風。江山相雄不相讓，形勝爭誇天下壯。秦皇空此瘞黃金，佳氣蔥蔥至今王。我懷郁塞何由開，酒酣走上城南臺。坐覺蒼茫萬古意，遠自荒煙落日之中來。石頭城下濤聲怒，武騎千群誰敢渡？黃旗入洛竟何祥，鐵鎖橫江未為固。前三國，後六朝，草生宮闕何蕭蕭！英雄乘時務割據，幾度戰血流寒潮。我生幸逢聖人起南國，禍亂初平事休息，從今四海永為家，不用長江限南北。

明代　高啟〈登金陵雨花臺望大江〉[1]

圖 2-1　圖片來源：「南京風景‧石城霽雪」胡敏，馬學強著，《話說中國：集權與裂變－1368 年至 1644 年的中國故事》（上海：上海文藝出版社，2005），頁 213。

大明帝國（1368－1644）在中國歷史中，承接元朝、開啓清朝的時代。1368 年朱元璋驅逐蒙古族，稱帝並建都於南京，國號爲大明，共十七世，十六位皇帝，國祚共 276 年。明太祖即位後，定都應天府（今南京）；明成祖永樂十九年（1421），朱棣遷都順天府（今北京），應天府改爲南京，設成「留都」，南京和京師一樣，設六部、都察院、通政司、五軍都督府、翰林院、國子監等機構，官員的級別也和京師相同。明朝的領土，東北抵日本海、鄂霍次克海、鳥地河流域，後改爲遼河流域；西達西喇木倫河一帶，後改爲今長城；西北至新疆哈密，後改爲嘉峪關；並曾在今東北地區、新疆東部、西藏等地設有羈縻政府。明成祖時期，安南（今越南北部）甚至曾被短暫統治。明朝初期，武功極盛；英宗時，朝中更有「三楊」楊溥、楊士奇、楊榮主持政局，可謂是「海內清平」。

---

[1] 高啓，〈登金陵雨花臺望大江〉，《明代文學資料庫‧明代詩》。高啓（1336－1374），明代詩人。字季迪，長洲（今江蘇蘇州）人。元末隱居吳淞青丘，自號青丘子。明洪武元年（1368），應召入朝，授翰林院編修，以其才學，受朱元璋賞識，命其教授受封諸王，並纂修《元史》。詩作於明洪武二年（1369），時作者應詔入京修《元史》。詩首段讚頌南京形勝；中段發懷古幽思，感歎建都於此的六朝之覆亡；末段頌揚明之初興，諷諭之意，蘊而不露。雨花臺，在南京聚寶門外，相傳南朝梁武帝時，雲光法師講經於此。凡講經，天雨花如雪片，故以名其台。

太祖至宣宗期間，屬於最安定的時代。但是，明英宗正統十四年（1449），宦官王振擅權，造成土木堡之變。正德、嘉靖朝（1506－1566），朝廷內部黨爭，地方矛盾嚴重，並發生蒙古、倭寇等外患。明神宗初期，名相張居正主持政局下，形成「萬曆中興」。萬曆朝中期後，因冊封太子之事，導致萬曆皇帝怠政，加上關外女真族的興起，明朝強盛之勢已不復存在。至崇禎年間，臣子黨爭激烈，皇帝難以決策；又遇連年災荒，各地爆發民變，叛降數易，官兵疲於奔命。1644年，李自成的大順軍隊攻入北京，崇禎帝自縊於煤山，明朝滅亡。趙翼在《廿二史劄記・萬曆中礦稅之害》云：「論者謂明之亡，不亡於崇禎，而亡於萬曆。」[1] 乾隆皇帝則在《明長陵神功聖德碑》道：「明之亡非亡於流寇，而亡於神宗之荒唐，及天啟時閹宦之專橫，大臣志在祿位金錢，百官專務鑽營阿諛。及思宗即位，逆閹雖誅，而天下之勢，已如河決不可復塞，魚爛不可復收矣。而又苛察太甚，人懷自免之心。小民疾苦而無告，故相聚為盜，闖賊乘之，而明社遂屋。」[2] 黃仁宇在《萬曆十五年》一書文末，總結出明代滅亡之因歸在萬曆朝。[3]

圖 2-2　明神宗定陵中的金翼善冠
以金絲編織而成的冠帽，冠帽是皇帝在日常場合中穿戴。

圖片來源：劉煒主編，《中華文明傳真・明：興與衰的契機》（香港：商務書局，2002），頁 38。

[1] 趙翼，《廿二史劄記・萬曆中礦稅之害》。
[2] 清高宗，《明長陵神功聖德碑》。
[3] 黃仁宇，《萬曆十五年》（臺北：食貨出版社，1985）。「1587 年，是為萬曆十五年，歲次丁亥，表面上似乎是四海昇平，無事可記，實際上我們的大明帝國卻已經走到了它發展的盡頭。在這個時候，皇帝的勵精圖治或者晏安耽樂，首輔的獨裁或者調和，高級將領的富於創造或者習於苟安，文官的廉潔奉公或者貪污舞弊，思想家的極端進步或者絕對保守，最後的結果，都是無分善惡，統統不能在事實上取得有意義的發展。因此我們的故事只好在這裡作悲劇性的結束。萬曆丁亥年的年鑑，是為歷史上一部失敗的總記錄。」

第一節　刀劍龍鳴

「國之大事，在祀與戎」。[1] 戰爭是原始社會逐漸衍生出來的一種現象，而其中當做戰場上的主要工具—「兵器」，因戰爭的需要而出現與發展，並隨著人類生產技術的進步而不斷提高其品質、戰爭場面的規模擴大而數量增多、軍隊兵種構成的演變而種類趨向繁眾。聖賢孔子亦曾云：「有文事者，必有武備。」[2] 而中華民族歷朝歷代的發展過程中，兵器代表著當代科技文明之櫥窗，文化藝術的象徵，可以說是一個相當值得深入研究的議題。明代是中國古代軍工手工業發展的重要時期，無論其作坊規模、造作技術和兵器產量等，都超過中國以往的歷朝歷代，在兵器生產管理方面所制訂的一系列制度和措施，在當時的時代背景之下，多還是切實可行的，這對於提高中國整個兵器生產管理水準，保存兵器造作的質與量是有其積極意義性，此亦為明代的武備制度之特色。

中國兵器發展史中，在五代到宋間，新的戰爭型態又蘊釀成形，由於火藥的發明與使用，熱兵器逐漸登上了歷史舞臺，成為各國間戰爭的一大特點。元末明初，所進行的歷次戰爭裡頭，火兵器的使用和製造已有一定程度的進展，對於取得戰爭的勝利，有著相當的影響力。明初的騎兵戰力有所侷限，主要以步戰、城池攻防戰與水戰居多，火兵器只能在特定的場合中使用；燃燒性的兵器，像是銃、炮，裝填複雜，射擊速度機動力不高；因此，臨陣交戰與攻城掠地時，仍然須使用各式冷兵器進行接仗。同時，明代的冶煉科技及設備上，已有較大的改善及進步。根據研究，明代「煉冶爐已高達四丈多，圍長已接近一丈，採用兩個風箱鼓風，縮短了冶煉週期」。[3] 火兵器雖然約僅占明朝軍隊裝備的 10%，[4] 但是火兵器在明代軍事發展史中，還是有決定性的威力。

---

[1] 左丘明，《左傳》，〈成公十三年〉。

[2] 漢·司馬遷，《史記》（《景印文淵閣四庫全書》第 244 冊），卷四十七〈孔子世家〉，頁 238。

[3] 軍事科學院主編，《中國軍事通史—明代軍事史》（北京：軍事科學出版社，1998），頁 204。

[4] 《明會典》中的《軍法定律》規定：洪武十三年（1380），政府規定每百戶裝備火銃 10 把，明代百戶共有官兵 113 人，每位軍士一件冷兵器則有 113 件；因此，火兵器約占總兵器中的 10%。

（一）刀

明代的兵器發展史，可說是冷兵器的餘暉，其中的主力是為刀和劍。此時的火兵器得到空前的發展，而冷兵器則在戰場上，趨於式微，但仍屬軍隊中必要之配備，其地位不可取代。明朝的戰術中，戰鬥的陣形裡，火、冷兵器已結合相當完整。刀屬於一種用於劈砍的單面利刃格鬥兵器，由刀身本體與刀柄所構成，根據劉熙《釋名·釋兵》中記載著：

> 刀，到也，以斬伐到其所，刀擊之也，其末曰鋒，言若鋒刺之毒利也。其本曰環，形似環也。其室曰削，削峭也，其形峭殺，裹刀體也。室口之飾曰琫，琫捧也，捧束口也。下末之飾曰珌，珌卑也，在下之言也。[1]

明代刀的種類有：短刀、長刀和腰刀；適用於近戰與拼搏，明朝的騎兵、火器兵、弓箭手及牌手等，皆會裝備短兵器，用以實戰中進行自衛。

圖 2-3　中國歷代刀之發展圖

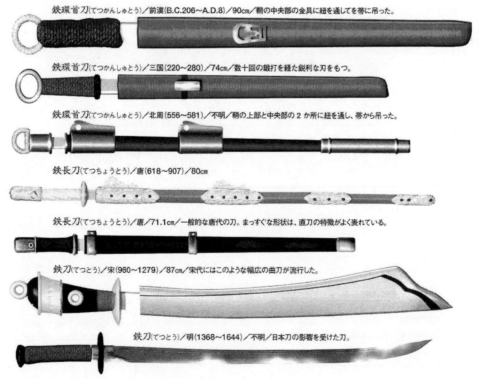

圖片來源：歷史群像，《戰略戰術兵器事典·中國中世·近代編》（東京：學研研究社，1995），頁 6。

---

[1] 劉熙，《釋名》，卷四〈釋兵〉。

（1）短刀

短刀，刀類中的一種。短刀的刀身相對長度長於刀柄，刀柄大多只能用單手執之。短刀又可稱為拍髀，因佩帶時拍髀旁，故名；《釋名·釋兵》講：「短刀曰拍髀，帶時拍髀旁也。」[1] 明代茅元儀（1594－1640）在《武備志》中認為宋朝軍隊通用的八種軍刀（手刀、掉刀、屈刀、偃月刀、戟刀、眉尖刀、鳳嘴刀、筆刀）[2]，今所用只剩下四種：「即長刀、短刀、鉤鐮刀、偃月刀。後一種以之操習示雄，實不可施於陣也。」[3] 另外，茅亦對明代短刀解釋為：「短刀，與手刀略同，可適用於馬上。」[4] 可知，手刀往後演變成現今短刀，為單手持握的近距離作戰短兵器，刀刃的強度可以破鐵甲；但是，因其長度短，不適合單兵作戰使用，最好能夠再搭配長柄兵器。例如敵我攻城掠地之時，進行短兵相接之戰，由於攻城戰，不適合攜帶長柄兵器，所以手刀為部隊之首選。

圖 2-4　明代各式長短刀之示意圖

圖片來源：軍事科學院主編，《中國軍事通史—明代軍事史》（北京：軍事科學出版社，1998），頁 205。

圖 2-5　茅元儀及武備志

茅元儀（1594－1640），字止生，號石民，明代大將。自幼「喜讀兵農之道」，初為兵部右侍郎楊鎬幕僚，後入兵部尚書孫承宗幕下，曾助袁崇煥固守寧遠，因戰功升任副總兵，戍守覺華島（菊花島，今遼寧興城南）。後毛文龍死，又受遼東兵嘩之累，罪遣戍漳浦（今屬福建）。崇禎十二年（1640 年），金兵南下，攻略畿南，定興被陷，元儀上疏勤王，為兵部尚書張鳳翼所劾，反令「還伍待勘」，押回福建聞候戍所，鬱鬱而死。1621 年成《武備志》二百四十卷，錄有《鄭和航海圖》。時人稱：「下帷稱學者，上馬即將軍。」維基百科

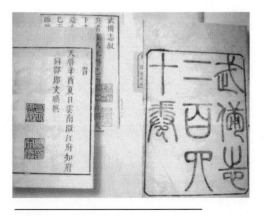

[1]劉熙，《釋名》，卷四〈釋兵〉。
[2]曾公亮、丁度等撰，《武經總要》，卷十三〈器圖〉。
[3]茅元儀，《武備志》。
[4]茅元儀，《武備志》。

明嘉靖三十四年（乙卯，1555），海寇侵擾蘇州，時有「中後所官軍三百人，皆精銳，立什伍相救護，各持長槍，帶短刀，不用弓矢及他器械。寇至與之戰，不爭利，不甚追北，戰罷方取首，貨財則均分之。浙西諸衛所，惟此軍號爲有紀律，然僅不大失，無他功。」[1] 宋代慶曆三年（1043）時，曾因「曩時手刀太重，今皆令輕便易用」，[2] 進行手刀形制之改革，宋初手刀運用在對抗北方騎兵之上；明朝時，由於倭寇熾盛，於是由手刀演變而來的短刀被使用在對抗海寇之上。

圖 2-6　明代中葉騎兵使用之短刀

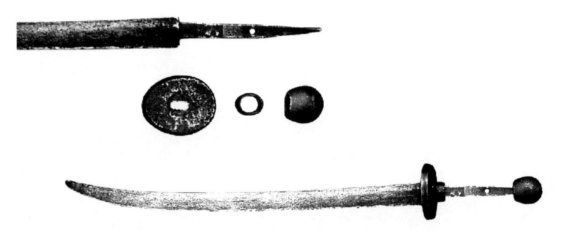

圖片來源：皇甫江，《中國刀劍》（北京：明天出版社，2007），頁 104。

（2）長刀

環首鋼刀從漢代以後，歷經了魏晉南北朝和隋唐，其形制更迭變化。但卻一直以「長刀」或「長劍」的名稱，活躍在戰場上及軍隊之中，成爲一種雙手握持的軍事武備。到唐宋之交時，「長劍」發展成爲一個獨立的兵種，「長劍軍」往往是由最驍勇的將領統領的軍中主力。[3] 到了宋代，中國的雙手長刀技術已近於純熟，出現一種環首直刀的加長版，也就是史書中赫赫有名的「斬馬刀」。此類型即爲步兵作戰的環首長柄雙手刀，北宋曾大量用於軍中，用以對付契丹、西夏、

---

[1] 明・葉權，《賢博編》。
[2] 元・脫脫等，《宋史》，卷一百九十七〈兵志〉。
[3] 像是五代時期的常思、徐懷玉、張歸弁、劉詞、朱友恭、孫繼鄴等，多因善戰而成爲「長劍指揮使」、「左長劍都虞候」等。參見薛居正，《舊五代史》及歐陽修，《新五代史》。

蒙古等遊牧民族的騎兵。明代的長刀多仿日本刀式，作雙手握柄砍殺的長刀，可以削斷或砍損對手的長兵之柄。戚繼光在《紀效新書》中講：「長刀，自倭犯中國始有之。彼以此跳舞內光而前，我兵已奪氣矣。倭喜躍，一進足則丈餘，刀長五尺，則丈五尺矣。我兵短器難接，長器不捷，遭之者身多兩斷。緣器利而雙手使用，力重故也」[1] 明代名將何良臣在《陣紀》中談到倭刀時也說：「日本刀不過三兩下，往往人不能禦，則用刀之巧可知矣。」[2] 明將程宗猷在《耕餘剩技‧單刀法選》中更是盛讚日本刀：「鍛煉精堅，製度輕利，非他方之刀可並。」由於其「雙手用一刀也，左右跳躍，奇詐詭秘，人莫能測，故長槍每常敗於刀」。[3]

圖 2-7　戚繼光的鋼刀

圖片來源：劉煒主編，《中華文明傳真‧明：興與衰的契機》，頁 54。此鋼刀受
　　　　　到日本刀的影響，已經與宋朝刀的形制不同，刀身呈現狹長而彎曲，
　　　　　極其鋒利。

因日本浪人及倭寇其鑄刀精良，刀長器利，雙手握刀，擊法敏捷且實用，在明朝中葉時，中國沿海水師與倭寇進犯的作戰中，屢次受到日本刀的打擊，這使得明朝抗倭將士遭受慘重損失。正是如此背景之下，明朝的抗倭將領們紛紛仿效日本之刀製，改製刀式，習其刀法。戚繼光根據在嘉靖四十年（辛酉，1561），於對陣中所得倭夷原本《太刀習法》，[4] 並融合了中國十八般武藝及傳統刀法、槍法和棍法之技擊精華，獨創十五式刀法，訓練士卒。掌握了利器的戚家軍在以後的平倭作戰中，所向披靡，使敵聞風喪膽。《紀效新書‧短器長用解》中有長刀的刀製：「刃長五尺，後有銅護刃一尺，柄長一尺五寸，共長六尺五寸，重二

---

[1] 戚繼光，《紀效新書》，卷四〈短器長用解〉。
[2] 何良臣，《陣紀》，卷二〈技用〉。
[3] 程宗猷，《耕餘剩技‧單刀法選》。程宗猷專門研究日本刀法，於天啟元年（1621），著此書。
[4] 戚繼光，《紀效新書》，卷四〈短器長用解〉，提到：「此倭夷原本，辛酉年陣上得之。」

斤八兩。」這樣說明改造後的戚家軍刀，要比倭刀更長。程宗猷的《單刀法選》中也對當時用刀有具體描述：「今以倭刀為式，刀長三尺八寸，靶一尺二寸，則長有五尺。」[1]《單刀式說》則載：

> 快馬輕刀。今以倭刀為式，刀三尺八寸，靶一尺二寸，則長有五尺。如執輕刀一言，制不得法，鐵不煉鋼，輕則僥薄，砍下一刀，刀口偏歪一邊，焉能殺人，如要堅硬，則刀必厚，厚必重，非有力者不能用也。故制法惟以刀背要厚，自下至尖漸漸薄去，兩旁脊線要高起，刀口要薄，此即輕重得宜也。鐵要久煉去渣屎，磨時無麻子小點，如鏡一樣光彩，則遇潮汗亦不致上鏽，乃鐵多煉少，是久煉成鋼也。刀鞘內要寬，刀口寸金箍入鞘口，略緊勿松，緊松亦要得宜，以便出入。如用弩帶刀，刀長二尺八寸，靶長九寸，共長三尺七寸，不可過長，恐懸帶腰間，用弩不便。鞘用皮制，其法載前〈用弩兼槍刀說〉中。[2]

由於明代史籍中對於長刀或仿倭刀記載詳盡，讓長刀的形制清楚，無論是《武備志》超過200公分的長刀或是周緯先生《中國兵器史稿》中的165公分御林軍大刀，均是配裝長柄的雙手刀；其外形，已和唐宋環首直刀相異，趨近於日式刀風。

圖 2-8
《單刀式說》書影

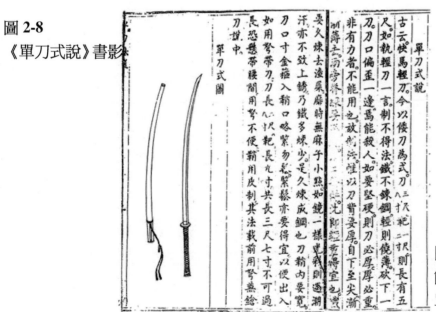

圖片來源：程宗猷，《耕餘剩技・單刀式說》。

---

[1]程宗猷，《耕餘剩技・單刀法選》。
[2]程宗猷，《耕餘剩技・單刀式說》。

圖 2-9　《單刀式說》插圖

圖片來源：同上圖。

圖 2-10　《辛酉刀法》插圖

圖片來源：皇甫江，《中國刀劍》，頁 101。

圖 2-11　《武備志》之長刀插圖

圖片來源：茅元儀，《武備志》，卷二百三。

圖 2-12　明代仿倭式御林軍大刀（上）雙手長刀刀柄（下）

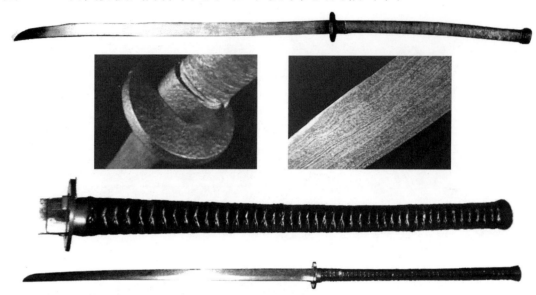

圖片來源：皇甫江，《中國刀劍》，頁 102-103。

圖 2-13　明代旋焊工藝技術

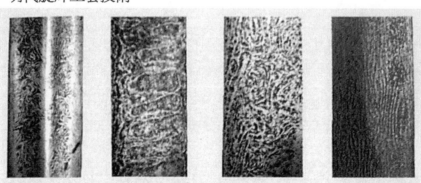

　　旋焊工艺，一种刀剑的锻造方法，西方称为
TWISTCORE，即将含碳量不同的钢和铁，积叠后反复旋
拧，通过加热和折叠锤锻之下焊接成一体。当刃身经专
业研磨后，其表面会出现如羽毛、指纹或者漩涡状花
纹，复杂者可以出现多层对称之花纹。大多数中国刀剑
除旋焊外还采用夹钢工艺或嵌钢工艺，以保证刃部的坚
硬。从功能上说，旋焊刃体弹性和韧性俱佳，如不另外
夹钢其刃部暗藏锯齿功能，适合切割纺织物，如果夹钢
则适合劈砍硬物，包括铁质盔甲。旋焊工艺发展到后
期，更是钢铁锻造工艺和刀剑艺术的体现。

圖片來源：皇甫江，《中國刀劍》，頁 111。

圖 2-14　戚繼光

戚繼光（嘉靖七年閏十月初一至萬曆十五年十二月初八日，1528 年 11 月 12 日至 1588 年 1 月 5 日），字元敬，號南塘，晚號孟諸。明代抗倭將領、軍事家，與俞大猷齊名。山東登州人。一說祖籍安徽定遠，生於山東濟寧。於浙、閩、粵沿海諸地抗擊來犯倭寇，歷十餘年，大小八十餘戰，終於掃平倭寇之患，被現代中國譽為民族英雄。卒諡武毅。戚繼光從小受其父戚祥嚴格教育，戚祥一發現其缺點，會嚴厲批評。嘉靖二十七年（1548 年）兵部主事計士元，推薦戚繼光「留心韜略，奮跡武闈。管屯而俗弊悉除，奉職而操持不苟。」，更獲得張居正信任。戚繼光從浙江義烏募集礦工和農民，編練戚家軍。嘉靖三十九年（1560 年），戚繼光創立「鴛鴦陣」，以一隊十二人為基本單位，最前排是隊長和兩個刀牌手，第三和第四排各兩名長槍手各護住一牌一筅，攻防兼宜，適合於山林、道路、田埂等狹窄地形。嘉靖四十年（1561 年），倭寇大舉侵犯台州，戚家軍大破倭寇於浙江臨海，九戰九捷。嘉靖四十二年（1563 年），與福建總兵俞大猷、廣東總兵劉顯等創平海衛大捷，從此倭患終被蕩平。戚繼光曾為詩：「南北驅馳報主情，江花邊月笑平生，一生三百六十日，多是橫戈馬上行。」萬曆十一年（1583 年），張居正死後，被楊四畏排斥，被調到廣東任鎮守，鬱鬱以終，晚年家徒四壁，醫藥不備，他的妻子遺棄了他。萬曆十五年（1588 年）十二月十二日，逝世於蓬萊故里。著有《紀效新書》、《練兵實紀》。黃仁宇《萬曆十五年》一書曾指出戚繼光有巴結權貴，秘密納妾，崇尚迷信等缺點。據傳戚曾用重金購得稱為「千金姬」的美女送給張居正。有一年除夕，總兵府中竟因為缺乏炊爨之薪而不能及時辭歲。可是北京著名餐館的名菜，如妙手衚衕華家的煮豬頭，卻由百里外走馬傳致。戚繼光生前娶妾三人，生子五人，其夫人竟不知將門有子。《明史》本傳說戚繼光與俞大猷「均為名將，操行不如而果毅過人」。維基百科

圖 2-15　明代寧夏藏兵洞

西元 2007 年，中國寧夏的靈武市水洞溝旅遊景區藏兵洞清理現場發現，藏兵洞原來不僅可以藏兵，而且洞道裏還存有大量的物品，專家近日清理出百餘件文物，包括兵器、瓷器、火藥原料以及糧食等。專家推測，近日藏兵洞內清理出來的兵器可能爲明代寧夏鎮城「雜造局」所造；《嘉靖．寧夏新志》曾記載：寧夏鎮的官營兵器作坊「雜造局」，「歲造腰刀六百四十把，內獨左屯衛所造刀鞘、弓皆黑漆，外多斬馬刀一百六十把」。而此次藏兵洞清理出來的多種兵器中就有三件是腰刀。據專家介紹，明代所謂的「腰刀」即是「劍」，此次發現的明代腰刀儘管已嚴重繡蝕，但器形猶存，不可多得。寧夏日報

（3）腰刀

　　明代初期，時值洪武、永樂朝，日本刀開始通過朝貢和走私貿易等方式大量流入中國，根據歷史記錄粗略統計，數量可能在 50 萬把左右，其中優質者頗受明代將領所歡迎。而且日本浪人時常騷擾中國東南沿海地區，浪人所持的倭刀在與明朝軍隊的腰刀對抗中佔有優勢；因此，明朝政府開始仿製倭刀，裝備在部隊之中。但是由於倭刀的長刀柄既不利於騎兵在馬上揮舞，也不利於與藤牌配合，所以戚繼光根據實際需要自創了一種腰刀，將倭刀的鍛造刀身和腰刀的短刀柄結合起來，此即所謂的「戚家刀」。觀察今日留存的戚家刀，可知長度多在 70 到

80 公分，刀身斷面爲較複雜的幾何面體，無反刃和血槽，刀柄平直或略下彎，刀尖爲倭刀式造型，利於劈砍重厚的鎧甲。明世宗嘉靖朝後，明軍即開始大量裝備這種腰刀。明代的腰刀，其刀長狹，柄短；《武備志・軍資乘・器械》載：「腰刀造法，鐵要多練，用純鋼自背起用平鏟平削至刃，刃芒平磨無肩，乃利秒尤在尖。」[1] 腰刀多與藤牌並用，故共稱「腰也藤牌」。戚繼光在《紀效新書》則講：「鐵要多煉，刃用純鋼，自背起用平鏟平削至刃，刃芒平磨，無肩乃利，妙尤在尖，⋯刀要與手相輕，柄要短、要彎，庶宛轉牌下，不爲所礙。」[2] 另外，明代科普讀物《天工開物》裡頭提到關於腰刀製造的工藝技術：

> 凡鐵兵，薄者爲刀劍，背厚而面薄者爲斧斤。刀劍絕美者以百煉鋼包裹其外，其中仍用無鋼鐵爲骨。若非鋼表鐵裡，則勁力所施，即成折斷。其次尋常刀斧，止嵌鋼於其面，即重價寶刀，可斬釘截凡鐵者，經數千遭磨礪，則鋼盡而鐵現也。倭國刀，背闊不及二分許，架於手指之上不復欹倒。不知用何錘法，中國未得其傳。凡健刀斧，皆嵌鋼、包鋼，整齊而後入水淬之。其快利則又在礪石成功也。凡匠斧與椎，其中空管受柄處，皆先打冷鐵爲骨，名曰羊頭，然後熱鐵包裹，冷者不沾，自成空隙。凡攻石椎，日久四面皆空，熔鐵補滿平填，再用無弊。[3]

以上史籍之內容，即爲中國傳統的夾鋼工藝，將含碳量低的熟鐵或炒鋼用火加熱後，用大錘反復疊摺鍛打；過程中，雜質就會逐漸從純鐵中析出，同時亦使金屬的組織密度加大。經過許多次疊摺鍛打後，再夾入一塊灌鋼（宿鐵，含碳量約在 0.8% 左右的高碳鋼），以此當作刃鋼，然後淬火鍛造刀體成型。由於刀身含碳量不同的多層組織，在拋光研磨後，表面會出現美麗的花紋和夾鋼線，使得明代刀劍剛柔互濟，達到鍛造科技的最高水準。《水滸傳》中將腰刀作爲普及使用，可知腰刀約於明代中期後始盛。

---

[1] 茅元儀，《武備志・軍資乘・器械》。
[2] 戚繼光，《紀效新書》。
[3] 宋應星，《天工開物・斤斧》。

圖 2-16　現存之明代腰刀

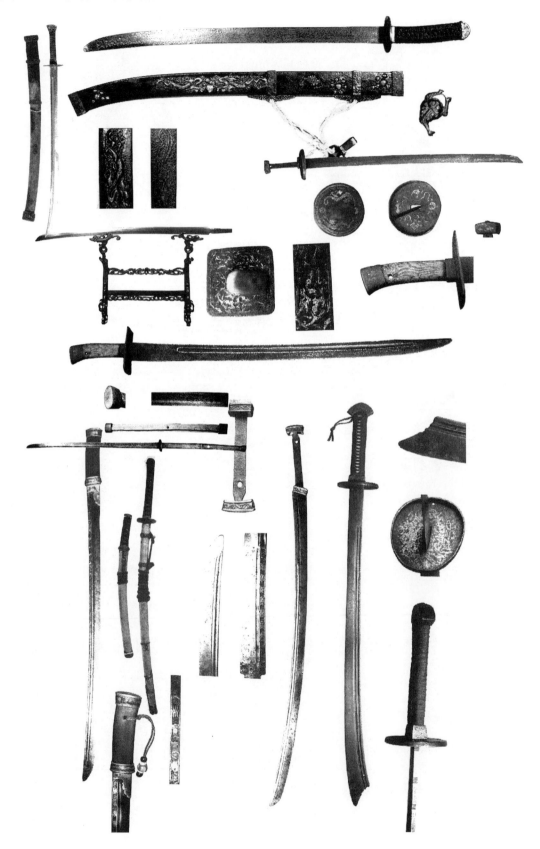

圖片來源：皇甫江，《中國刀劍》。劉煒，《中華文明傳真‧明：興與衰的契機》。

（二）劍

劍可說是號稱百兵之君，是一種雙刃兵器，關於劍的形制以及各部名稱，（圖2-17）根據劉熙《釋名·釋兵》中記載著：

> 劍，檢也，所以防檢非常也；又其在身拱時，欲在臂內也，其旁鼻曰鐔，鐔尋也，帶所貫尋也。其末曰鋒，鋒末之言也。[1]

在漢代，劍的材質多已用鐵製，但仍有銅製的劍，例如：河北省滿城縣中山靖王劉勝墓出土的鎏金銅劍，不過顯然漢代銅劍不是爲了實戰目的。如同宋代所處背景一樣，面對著北方強大的遊牧民族；而漢代最大的敵人，則是的匈奴，爲了抵抗匈奴的強大騎兵，漢朝積極擴充本身騎兵作戰能力，所以騎兵作戰發展迅速，當然也影響到所使用的兵器。因此宋代的戰場上，兩軍廝殺時，砍劈比刺穿的攻擊方式更加有效，因劍是以刺爲主的格鬥兵器，不適合於騎兵作戰，若揮劍砍劈，劍容易折斷，刀於是逐漸在戰場上取代了劍的地位。

圖 2-17　劍各部名稱

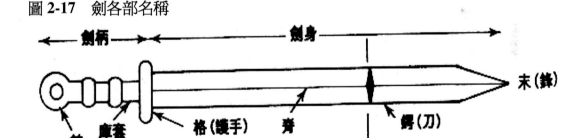

圖片來源：篠田耕一，《中國古兵器大全》，頁 32。

隋唐時期，配劍風氣極爲盛行，劍多用於朝廷服儀制度上，據文獻記載可知，劍在戰場上已無實戰功能，多用在象徵地位與朝廷官員服儀禮節之上。中國劍之形制歷經五代直到宋遼夏金元時期，可說是已經臻至純熟。明代天啓年間傑出的軍事家茅元儀，其曠代巨著《武備志》中，收進了一部雙手劍譜，這是今天吾輩所能看到的唯一古代雙手劍譜，它是中國古代武藝文獻中的瑰寶，是中朝文化交

---

[1]《釋名》，卷四〈釋兵〉。

流的珍貴見證。茅元儀在劍譜的序言中寫道:「古之劍可施於戰鬥,故唐太宗有劍士千人,今其法不傳。斷簡殘編中有訣歌,不詳其說。近有好事者得之朝鮮,其勢法具備。固知中國失而求之四裔,不獨西方之等韻,日本之《尚書》也。」茅元儀在《武備志》卷一百四《器械三》中,論劍「茅子曰:古之言兵者必言劍,今不用於陣,以失其傳也。餘博搜海外,始得之,其式更不可緩矣。劍無今古,即《武經》之二種而圖之。」[1] 基本上來說,明劍繼承宋代形制,並且已經不再作為戰場上短兵相接之用;但是,明劍卻相對宋劍有更大的發展進步,在裝具及紋飾上,充滿著異國的風味。

圖 2-18　明神宗定陵出土之御用劍

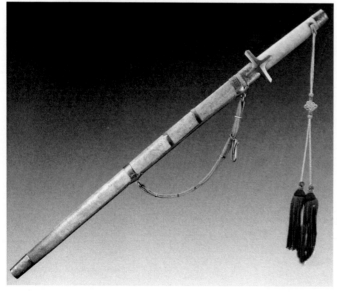

圖片來源:定陵博物館藏。

---

[1]茅元儀,《武備志》,一百四〈器械三〉。

　　明代由於火兵器發明，加以戰爭方式、戰術均大幅改變，於是中國劍具漸淪為民間習武或官宦冠服之裝飾，甚至變為道家驅妖除魔之法器，而失其戰場上原有之功能。流傳至今日，劍具已然脫離單純「兵器」之範疇，而堂堂進入工藝美術之嶄新世界；隨著一件件考據嚴謹之中國傳古刀劍問世，正為歷史悠遠流長之中華科技文明的發展，提供最直接而又完整之見證。

圖 2-19　明代梁莊王朱瞻垍之劍

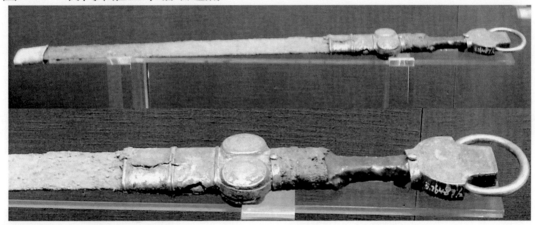

圖片來源：刀劍天下論壇。

圖 2-20　明代劍

圖片來源：胡敏，馬學強著，《話說中國：集權與裂變－1368 年至 1644 年的中國故事（明）》（上海：上海文藝出版社，2005），頁 147。明代冶鐵技術迅速發展，國家徵收的鋼鐵主要使用在製造兵器。此劍鋒利，柔性極好，鏽蝕不嚴重，為明代工藝的表現。

圖 2-21　明太祖永樂皇帝寶劍

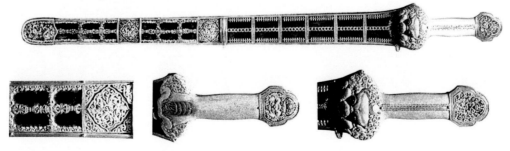

圖片來源：皇甫江，《中國刀劍》，頁 110。

圖 2-22　現存之明代劍

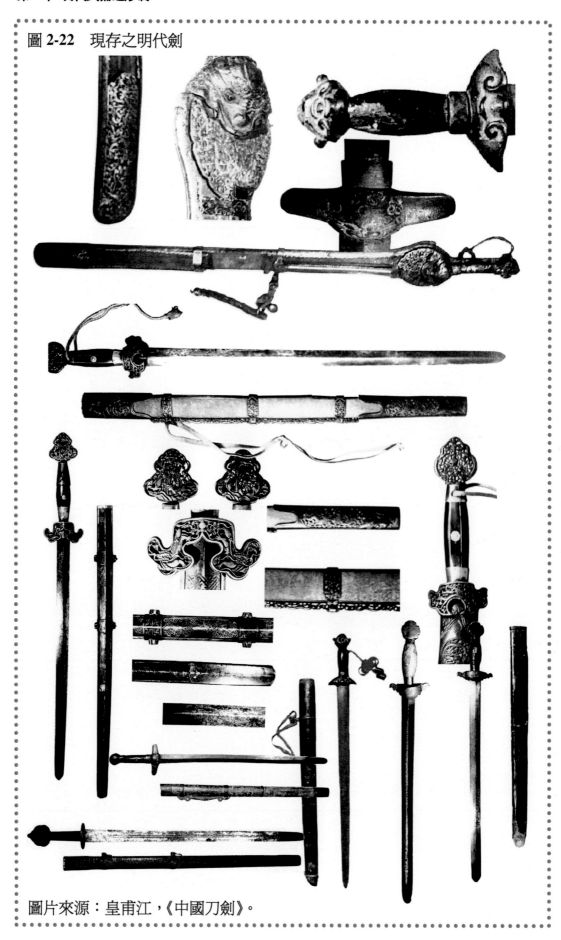

圖片來源：皇甫江，《中國刀劍》。

圖 2-23　手持長劍身著高級軍裝的神像

圖片來源：（左圖）劉煒主編，《中華文明傳真》，頁 52。（右圖）劉永華，《中國古代軍戎服飾》（上海：上海古籍出版社，2003），頁 173。

圖 2-24　《出警入蹕圖》中的明朝皇帝之御用劍

圖片來源：國立故宮博物院藏。

29

第二節　槍槊如林

　　明代軍隊的組成，大致上可分爲步兵跟騎兵。步兵主要使用的兵器爲刀、槍、盾和弓弩等，身著由金屬與皮革材質製造的鑲嵌鎧甲，騎兵的武器則是弓弩、馬槊、長刀和盾牌。當然，明代兵士在攻守城池時，主要還是會使用攻守城戰具和燃燒性火兵器。其中長兵器主要功能是刺擊，適用於長距離攻擊範圍。長兵器（或長兵）在中國歷史上，多是指超過成年男子眉高的武器而言。槍爲一種在長柄上安有銳尖（即矛尖）的兵器，是以「槊」爲主要攻擊方式的兵器。長兵器柄具有相當的長度，和短兵器相比，在戰場上具有時效性好、可先發制人的優點。若是槍柄過長，兵士使用起來就不太靈活。《周禮・考工記》就記載著「凡兵無過三其身，過三其身，弗能用也。」[1] 就是說長兵的長度，不要超過使用人身高的三倍爲原則。但是歷史上也曾出現過超過身長三倍、長達六公尺的長兵器。作爲攻擊使用的長兵器，柄長應該是和身高相對稱，才會得心應手，發揮出更大的威力。

　　長兵器作爲一個集團或軍隊的整體裝備來說，確定其長度的準則，應該考慮到整個戰鬥陣形有關。另外，統一該形制規格，更是便於軍工業的大量生產。總的來說，戰場上使用的兵器比較長，而一般武術中所運用的長兵器，則是按照操作者的實際狀況，將柄長度進行調整。長兵器以刺爲主要攻擊方式，其中又以直刺爲最常見。但根據力學原理，長兵器用「槊」來表現比「刺」更貼切，雖然殺傷範圍看似狹隘，但是在戰車或騎馬作戰時使用，則將使威力大增，甚至能夠穿透鋼鐵鎧甲。不過，這種以刺爲主的長兵器，多有一種致命的缺點，那就是刺中目標後，或槊透之後，通常很難拔出來。特別是在快速的行進中戰車和騎兵作戰，一旦刺中敵方，往往只有將長兵器放棄。在戰車成爲戰場主力（前十六至前三世紀）的年代，攻擊力甚強的戈、矛、戟、鈹、這些帶有青銅刀尖的長柄兵器，也就隨之成了主要兵器。特別是在貼身近戰的車戰中，戈是最好使的常用兵器，爲

---

[1]《周禮・考工記》，卷四十一〈廬人〉。

此，發展出刺斬皆可的鉤鐮槍。在使用技法上，由於長兵器安有堅硬的長柄，所以也可作爲棍棒來使用，於往後的槍法發展中，就融入許多棍法的打擊技巧。

　　長兵器在歷代軍隊兵器中的地位，屬於攻防皆具優勢的長兵器。在敵騎兵進攻時，可用排列密集的長槍隊，用以保護己的弓箭手。更是裝備裝甲騎兵的戰車必不可少的重要兵器。在武術界，長兵器也是一種象徵武勇的重要兵器。許多歷代名將，也都冠以「神槍」的美名。例如：《三國演義》猛將張飛的蛇矛、呂布的方天畫戟；古代車戰衰敗後，戟即成爲長兵器之首。唐代時，戟逐漸從實戰兵器變成了儀仗專用兵器。[1] 唐代以後，把以前稱之爲矛、鈹的長兵器，改稱爲槍，槍從此就成了長兵器的代名詞。宋朝以後，槍的樣式就更多，主要有長柄刀（屈刀、掩月刀、眉尖刀、鳳嘴刀、掉刀、戟刀和筆刀）和槍。明朝時的抗倭名將戚繼光非常重視武器裝備，認爲人和武器相輔相成，「有精器而無精兵以用之，是謂徒費；有精兵而無精器以助之，是謂徒強」。[2] 其主張：改善武器裝備，並使之優於敵人，「彼以何器，我必求長於彼」。[3] 而且重視火器的研製和使用。認爲「五兵之中，惟火最烈」，[4] 把火器視成是作戰取勝的重要條件，更講究火器製造和使用技術，研製成多種火器，並裝備部隊，使冷兵器和火器並用。改善武器裝備的辦法是：更新、改換、創造。注意改善和合理運用武器裝備，「長短相雜，刺衛兼合，遠近兼授，相資爲用。」使長兵器與短兵器，冷兵器與火器有機結合，相互配合，取長補短，發揮其整體威力。根據士卒年齡、體格、素質的不同情況，授習不同的武器；訓練士卒靈活地使用各種武器，長兵器要會短用，短兵器要會長用。以上則介紹明代的長兵器中，較爲特殊者：

　　「狼筅」：明代即有一種以帶枝條的竹作柄且以防禦力見稱的長兵器，稱爲「狼筅」，又名「長槍」，亦稱做「狼牙筅」。狼筅原本爲礦工反明朝政府時所發明，其械形體重滯，械首尖銳如槍頭，械端有數層多刃形附枝，呈節密枝堅狀。

---

[1] 請參見林智隆，陳鈺祥，《隋唐五代兵器研究初稿》（臺北：文史哲出版社，2007），頁 20-28。
[2] 戚繼光，《紀效新書》，卷十四〈手足〉。
[3] 戚繼光，《紀效新書》，卷十四〈手足〉。
[4] 戚繼光，《練兵實紀·儲練通論》。

附枝最長 60 公分，最短 25 公分。杆長 5 公尺。頭與杆均爲鐵製成，重約 3.5 公斤，均爲軍隊中力大之人所使用。《紀效新書》載：「緣士心臨敵動怯，他器單薄，人膽搖奪，雖平日十分精習，便多張惶失措，忘其故態。惟筅則枝茂盛，遮蔽一身有餘，眼前可恃。足以壯膽助氣，庶人敢站定。」[1] 其技擊方法主要有：攔、拿、挑、據、架、叉、構、掛、纏、鋒、鐺等。由於當時明軍與倭寇作戰時，經常手持之長短兵器皆被倭寇的日本刀給砍斷，但是因「狼筅」兵器柄長而堅固，日本刀往往砍不斷該種兵器，所以當時明軍正是以狼筅作戰才可對拒倭寇的倭刀，可見竹的硬度可以很高。

　　「鑲鈀」：武器名，鑲鈀是從農具演變來的兵器，一種多刃長兵器。長七尺六寸，重五斤。外形像馬叉，上有利刃，中有一脊，兩面出鋒，刃下左右橫出兩尖股，向上彎，可以刺擊，也可以防禦，可說是最銳利的兵器。茅元儀《武備志》描述它的形制道：「鑲鈀，上用利刃，橫以彎股，刃有兩鋒，中有一脊，造法須分脊平磨，如磨刀法，兩刃自脊平減至鋒，其鋒乃利，日久不禿，中鋒頭之下庫，可容核桃，則安於木杪，乃不折損，仍用一釘關之。」[2] 「鑲鈀」屬於古代一種三叉形的長兵器，堅銳如槍；實戰中，當敵遠時，每兩名鑲鈀手，配備三十支火箭，可作爲發射架發射火箭；敵近時，可持以近戰格鬥，具備有攻防的效果。明代抗倭名將戚繼光的軍隊中，每十二人就有二人裝備這兵器；《練兵實紀》中說：「此器柄長八尺，於馬上最便，可戳可格，利器也。此自殺倭始」。[3] 「鑲鈀」可說是「叉」演變而來的兵器，種類很多，大致可按長短分，或以叉股分；多與鉤、鐮、鈀等雜兵器並論。宋代有叉竿，長二丈，用來叉飛梯與登城。南宋名將宗澤的偏將張純善使飛叉，能在二十步外取人性命，並且教出很多使飛叉的士卒。明代又有丈餘長的「馬叉」，《武備志》說：「上可叉人，下可叉馬」，[4] 是明朝步兵所用的長兵。

---

[1] 戚繼光，《紀效新書》。
[2] 茅元儀，《武備志》。
[3] 戚繼光，《練兵實紀》。
[4] 茅元儀，《武備志》。

圖 2-25　中國歷代長兵器之發展示意圖

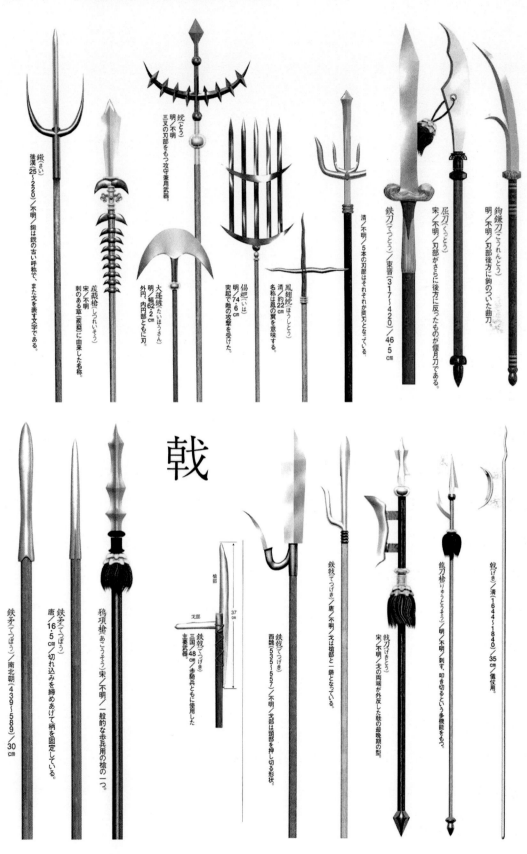

圖片來源：歷史群像，《戰略戰術兵器事典・中國中世・近代編》，頁 7-9。

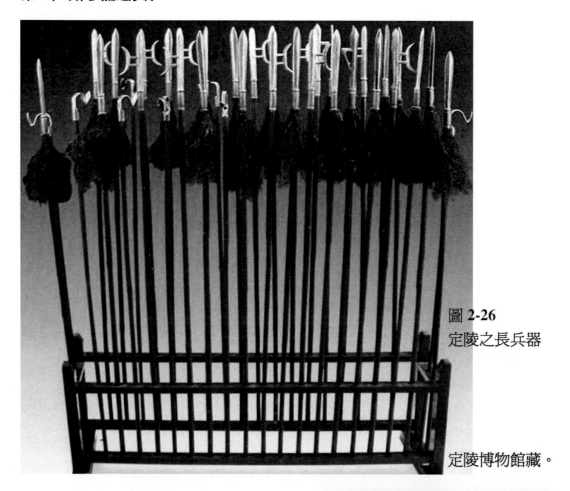

圖 2-26
定陵之長兵器

定陵博物館藏。

圖 2-27　吳三桂專用之長兵器

圖片來源：中國雲南太和宮藏。

34

圖 2-28　手持藤牌並搭配長短兵器的明朝兵士

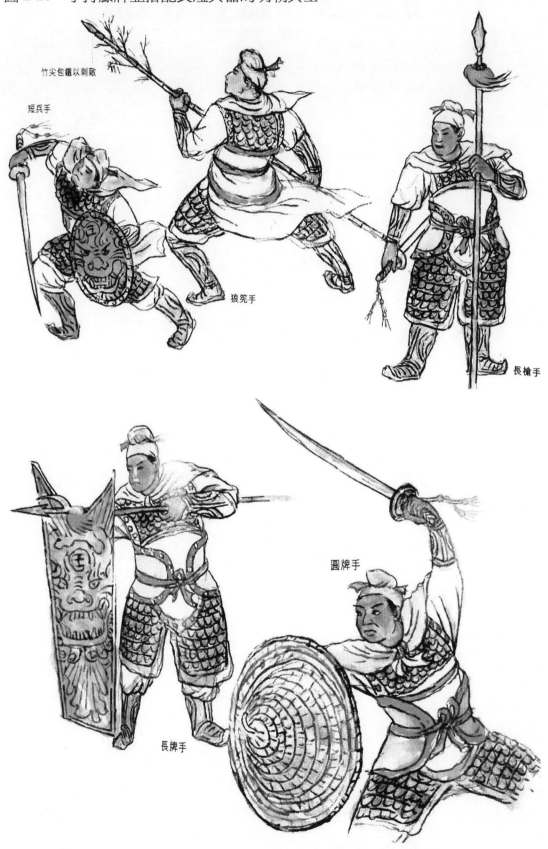

竹尖包鐵以刺敵

短兵手

狼筅手

長槍手

長牌手

圓牌手

圖片來源：劉煒主編，《中華文明傳真・明：興與衰的契機》，頁 54-55。

第三節　風勁弓鳴

　　弓可以說是遠射兵器中最古老的一種彈射武器，最早製弓的材料，根據《周禮‧考工記》中記載爲：幹（竹或木材質）、角、筋、膠、絲、漆等「六材」。這些材料各有其特定的用處，幹是使箭能夠射遠，角是讓箭射出去的快，筋的作用是能夠射深，膠的用處是在於黏合，絲是讓弓能夠牢固，漆則是讓弓不受到潮濕。關於弓的形制，在劉熙《釋名‧釋兵》裡提到：

> 弓，穹也，張之弓隆然也。其末曰簫、言簫梢也，又謂之弭，以骨為之，滑弭弭也，中央曰弣，弣撫也，人所持撫也，簫弣之間曰淵，淵宛也，言曲宛也。[1]

到了五代時期，弓已經出現了多樣化的發展，除了直弓、彎弓外，更有單體弓、強化弓、複合弓等。兩宋時代的弓弩種類更加繁多，在《武經總要》一書就記錄有弓四種，弩十二種（包含六種床弩）。這些弩的規格各異，以符合不同的軍事需求。[2] 在單人操作的弩方面，除了《武經總要》所載的六種之外，就以神臂弓最爲著名。據《夢溪筆談》所載熙寧年間，李定獻偏架弩，似弓而施幹鐙。以鐙距地而張之，射三百步，能洞重札，謂之「神臂弓」，最爲利器。李定本是西夏党項人之首領，後自投歸宋朝，因此將「神臂弓」引進中原。[3] 神臂弓是一種用

---

[1] 劉熙，《釋名》，卷四〈釋兵〉。

[2] 曾公亮、丁度等撰，《武經總要》，卷十三〈器圖〉。其中關於弓弩方面載：雙弓床弩，前後各施一弓，以繩軸絞張之，下施床承弩。其名有小大合蟬，有手射合蟬者，謂如兩蟬之狀。大者張時用十許人，次者五七人，一工準所射高下，一人以槌發其牙，箭用大小鑿頭箭。惟手射鬥子弩最小，數人就床張訖，一人手發之，射並及一百二十大步。三弓床弩，前二弓，後一弓，世亦名八牛弩。張時，凡百許人，法皆如雙弓弩，箭用木 鐵羽，世謂之一槍三劍箭。其次者用五七十人，箭則或鐵或翎爲羽。次三弓並利攻城，故人謂其箭爲踏橛箭者，以其射著城上，人可踏而登之也。又有系鐵鬥於弦上，鬥中著常箭數十隻，凡一發可中數十人，世謂之鬥子箭，亦雲寒鴉箭，言矢之紛散如鴉飛也。三弩並射及二百大步，其箭皆可施火藥用之，輕重以弩力爲準。古人自踏張者，其飾有黑漆、黃白樺、雌黃樺，稍小則有跳鐙弩、木弩。跳鐙弩赤曰小黃，其用尤利；木弩雖可施，不能久，邊兵不甚用。其力之強弱，皆以石鬥爲等。箭有點鋼、木羽、風物、木撲頭、三停。木羽者，以木爲 羽。鹹平初，軍校石歸宋上之。箭中人，雖 去，鏃留，牢不可拔，戎人最畏之。風羽者，謂當安羽處，剔空兩邊，以客風氣，則射時不掉，此不常用，備翎羽之乏耳。三停者，箭形至短，羽、鏃三停，故雲三停；箭中物，不能出，以短故也。

[3] 沈括，《夢溪筆談》，卷十九〈器用門〉。

腳踏張開的弩，弓身長三尺二寸（約 1 公尺），弦長二尺五寸（0.8 公尺），後此弓經內府都知張若水呈上；「神臂弓」的射程遠達三百四十餘步，超過 500 公尺，所以受到相當程度的重視，後由軍器監仿製。

弩的形制據劉熙《釋名‧釋兵》可知：「弩，怒也，有勢怒也。其柄曰臂，似人臂也。鉤絃者曰牙，似齒牙也。牙外曰郭，爲牙之規郭也。下曰懸刀，其形然也。合名之曰機，言如機之巧也，亦言如門戶之樞機開闔有節也。」[1] 可知弩的形制爲弩機、弩臂、弩弓三部分。古代弩的尺寸有多種，但是個人用的弩，以臂長 50 到 80 公分的爲多見。翼和臂的比例爲 1：1.2 至 1：2.5。機的長度爲 9 至 15 公分。弩的拉弦方式有臂張、蹶張以及腰引法，漢弩引弦力量的大小以石爲計算單位，居延竹簡中的記載，當時有一、三、四、五、六、七、八、十石等各種弩。又據居延竹簡所記設程進行推算，三石弩可射 189 公尺，四石弩可射 252 公尺，十石弩的射程可以達到 600 公尺以上。[2]

漢代時，已經出現與弩同爲遠距離攻擊的兵器－拋石機。拋石機在漢代已在戰爭中被運用，此種兵器被稱之爲「砲」或「礮」。魏明帝《善哉行》：「發砲若雷。」[3]《說文》：「建大木置石其上，發以機，以追敵。」[4] 它是在大木架上裝梢桿，桿的後端系著許多繩索，前端用繩連結一個盛石彈的皮窩，發射時由許多人猛拽繩索，石彈就被拋出。《史記‧王翦列傳》引張晏注，約在西漢成書的《范蠡兵法》提到：「飛石重十二斤，爲機發行三百步。」[5]《漢書‧甘延壽傳》引注《范蠡兵法》：「飛石重十二斤，爲機發行二百步。延壽有力，能以手投之，拔距，超距也。」[6] 兩處的史料記載之數字雖有出入，但是仍可發現這種武器性能的大概輪廓。北宋時代，軍隊裡亦發展著巨型的床弩，主要是以複合弓來發射攻擊，威力強大。床弩之弦必須要用絞車拉動張開，每次可發射數十箭，可密集攻

---

[1]《釋名》，卷四〈釋兵〉。
[2] 王兆春，《中國軍事技術史‧軍事技術卷》，頁 65。
[3] 曹睿，〈善哉行〉，《先秦漢魏晉南北朝詩》，卷五。
[4]《毛詩注疏》，卷二十四〈考證〉，引注《說文》。
[5]《史記》，卷七十三〈王翦列傳〉。
[6]《漢書》，卷七十〈甘延壽列傳〉。

擊對人。[1] 此外，攻城軍亦會利用其射擊城牆，以便士兵可以上城進攻，所以又

稱「踏橛箭」。據《武經總要》中所載各種床弩有雙弓床弩，郎子弩、小合蟬弩，

手射弩及三弓弩等。由七至七十人操控，而射程可達 140 步（約 220 公尺）至最

遠 300 步（約 470 公尺）。[2]

圖 2-29　神臂弓示意圖

圖片來源：中國國家博物館，《文物中國史—宋元時代》（香港：中華書局，2004），
　　　　　頁 31。神臂弩為單兵操射之弩，在 460 公尺射程內，可射透兩層鱗甲。

　　明清時代，可以說是中國古代弓弩發展的最後輝煌。明朝永樂年間，由於朱

棣的北方部隊多為騎兵，所以弓箭在對抗北方草原民族或是靖難戰爭中也發揮出

許多重要的作用，而弩在當時管型射擊火器還不普及時依然還可以發揮一定作

用，例如「永樂靖難」之戰中朱棣的主帥旗就曾被弩箭射的如同蝟皮。當時明軍

見於《武備志》所使用的主要弓類武器，除了宋代使用的四種弓以外還有開元弓、

小梢弓、西番木弓三種。而弩則有神臂弓、蹶張弩、腰開弩、窩弩、雙飛弩等。

腰開弩是將一根有勾的帶子繫於人體的腰後，張弩時將勾掛於弩弦上，然後身體

---

[1]中國國家博物館，《文物中國史—宋元時代》，頁 33。
[2]曾公亮、丁度等撰，《武經總要》，卷十三〈器圖〉。提到：雙弓床弩，前後各施一弓，以繩軸絞
張之，下施床承弩。其名有小大合蟬，有手射合蟬者，謂如兩蟬之狀。大者張時用十許人，次者
五七人，一工準所射高下，一人以槌發其牙，箭用大小鑿頭箭。惟手射鬥子弩最小，數人就床張
訖，一人手發之，射並及一百二十大步。三弓床弩，前二弓，後一弓，世亦名八牛弩。張時，凡
百許人，法皆如雙弓弩，箭用木　鐵羽，世謂之一槍三劍箭。其次者用五七十人，箭則或鐵或翎
為羽。次三弓並利攻城，故人謂其箭為踏橛箭者，以其射著城上，人可踏而登之也。又有系鐵鬥
於弦上，鬥中著常箭數十隻，凡一發可中數十人，世謂之鬥子箭，亦雲寒鴉箭，言矢之紛散如鴉
飛也。三弩並射及二百大步，其箭皆可施火藥用之，輕重以弩力為準。

向後倒腿向前蹬，利用全身的力量將弩上弦。雙飛弩是一種裝在簡單木架上的守城弩，要比宋代的床弩簡化。窩弩是將弩弦上好後掛上絆線藏與路旁，用於預防敵軍偷營截寨。明朝中後期後，因火兵器製造技術的發展和鳥銃等先進火器的傳入，而使弩砲失去了戰爭的舞臺；不過，由於當時火器射擊速度過慢所以並不能完全替代弓箭。著名的戚家軍中所用之弩，已經只有用來防止敵軍偷營截寨的多連裝窩弩「耕戈」，但弓箭仍然是長槍手隨身的武器之一。而且戚繼光在《紀效新書》中提到，為了適應南方多雨潮濕的環境，必須改進弓箭的形制：在弓箭外部用樺樹皮加油，在節處要用線捆紮，箭鏃必須用透甲錐點鋼。

明代的攻勢兵力依靠的仍然是相當傳統的以弓馬見長的騎兵部隊，「軟弓、長箭、快馬、輕刀」基本上概括了他們的配備。換言之，這批部隊與他們的對手

圖 2-30　明·《出警入蹕圖》中的御用弓及弓韔

圖片來源：國立故宮博物院藏。

圖 2-31　明神宗定陵出土之御用弓韜

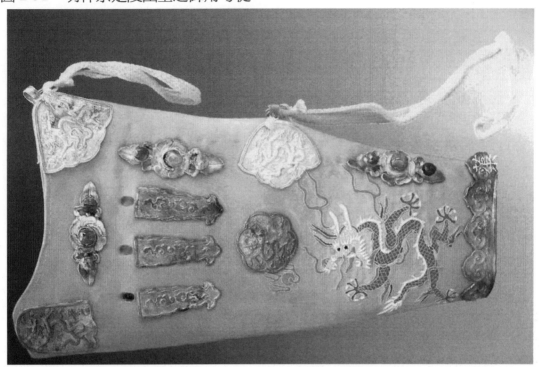

圖片來源：定陵博物館藏。

北方草原民族鐵騎並沒有很大的不同。當時對遼東鎮就有這樣的批評：「昔從提督李如松征倭，見遼兵歸陣，止攜弓箭短刀，未諳火器之用」。這是因為當時的遼兵依賴的還是他們眼中最重要的騎兵，對於車兵、步兵則不太注意。然而即使純粹以騎兵作戰，騎兵亦有騎兵的戰法；清·袁宮桂《洴澼百金方》有一條記「遼人陣法」，謂「遼人兵制，每遇對敵，於陣四面列騎為隊，每隊五、七百人，十隊為一道，十道當一面，各有主帥。最先一隊走馬大譟，沖突敵陣，得利則諸隊齊進；若未利，引退，第二隊繼之，退者習馬飲水（米少）。諸道皆然，更退迭進，敵陣不動，亦不力戰。歷二、三日，待其困退，然後乘之。此兵之所以強也。」從《明神宗實錄》中可知，在遼東募兵有兩萬人，其中一部分應即為上表所載的新兵右營與中營；又謂：「往歲東征，餘兵多聚金、復、海、蓋間燒爐為業，皆善騎射，宜命將招徠，以資衝鋒之選。」[1] 則大概可認定所謂的「新兵」營中其時參雜著不少善於騎射的老兵。

---

[1] 《明神宗實錄》，頁 10711-10811。

圖 2-32 《武備志》中的明代弓弩示意圖

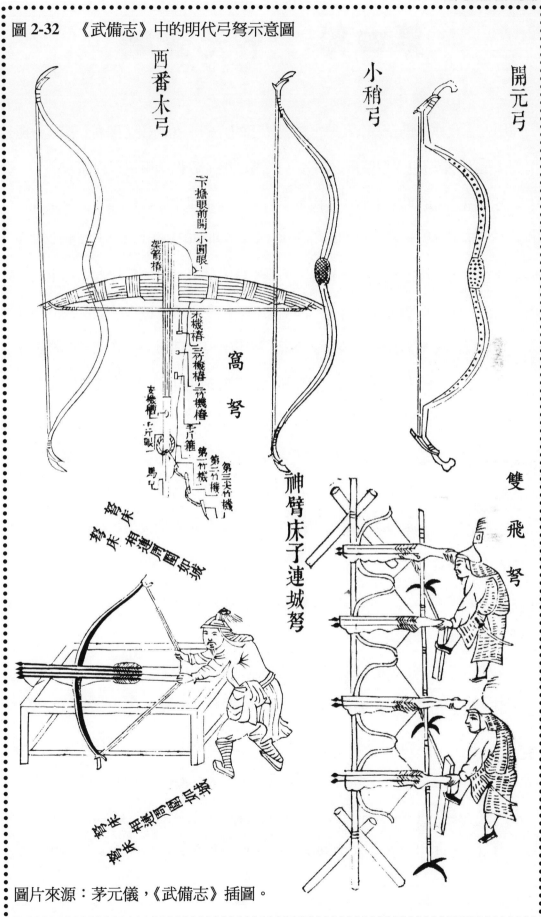

圖片來源：茅元儀，《武備志》插圖。

第四節　甲光金麟

甲在古代亦稱爲介、函及鎧，關於鎧甲的介紹，在劉熙《釋名‧釋兵》裡有提到：「鎧，猶塏也。塏堅重之言也，或謂之甲，似物孚甲，以自禦也。」[1] 從中國各地所出土的實物來看，古代戰甲，大多是用犀牛、鯊魚等皮革來製成，有的甚至在甲上繪製色彩；皮甲其形制由甲身、甲袖和甲裙組成；甲片的編綴方法，橫向均左片壓右片，縱向均爲下排壓上排；冑也是用十八片甲片編綴起來的。除皮甲之外，商周時期的戰甲還有「練甲」和「鐵甲」等。練甲的發展時間較早，大多是以縑帛夾厚綿製作，屬布甲範疇。鐵甲出現於戰國的中晚期，它的前身以青銅爲甲，是一種比較素面的獸面胸甲。當時的鐵甲通常以鐵片製成魚鱗或柳葉形狀的甲片，經過皮或綿繩穿組聯結而成。中國宋代的步人甲（步兵鎧甲）是中國歷史上最重的鎧甲，根據《武經總要》記載：「鐵、皮、紙三等，其制有甲身，上綴披膊，下屬吊腿，首則兜鍪頓項。貴者鐵，則有鎖甲；次則錦繡緣繒裏；馬裝，則並以皮，或如列鐵，或如笏頭，上者以銀飾，次則朱漆二種而已。」[2] 北宋步人甲由鐵質甲葉用皮條或甲釘連綴而成，屬於典型的剳甲。其防護範圍包括全身，以防護範圍而言，是最接近歐洲重甲的中國鎧甲，但是也沒達到歐洲重甲那種密不透風般的防護程度。

明代軍隊的甲冑延續著宋元時代的形制，在發展上有鐵冑、金漆山文甲、紫花罩甲、鎖子甲、布面甲及兵士的罩甲等。世界兵器的歷史到十四世紀開始出現了轉折，此時的歐洲可重達 30 公斤的大白盔甲逐漸興起；而在中國，明代在將鐵甲冑重量衝至 28.5 公斤的歷史高峰後，正因火兵器的發展而走向輕便過渡。甲冑向堅實邁進的方向算是已經過時，即便是大馬士革鋼製成的大白盔甲，也會被拉力 40 公斤以上弓弩射出的鋼鐵箭在 100 公尺之外輕易洞穿。中國甲冑發展

---

[1]《釋名》，卷四〈釋兵〉。
[2] 曾公亮、丁度等撰，《武經總要》，卷十三〈器圖〉。

由於眾多的對內戰爭，而相較於歐洲世界裡更加實事求是，對抗冷兵器的攻擊，多以常規防護，往往只是用加幾套或幾件甲即可。如此的務實精神，無法應付疾馳發展的火兵器時代，使得重裝甲逐漸退出兵器發展的舞臺。明代中晚期，能夠說是輕重裝甲重要性的交替年代；尤其是到了清代，則更是將輕裝甲發揚光大。三國時代，由西域傳入可防遠箭、袖箭及連弩的「鎖子甲」、始於明代沾濕可禦遠距射出之槍的綿甲，都成為此時的主力裝甲。頭頂高纓尖冑、外套嵌滿鐵釘的寬大綿甲、內穿鐵環連綴之網甲可說是明朝主要防禦的象徵。

中國甲冑發展過程中，晚唐出現了一種紙甲。時稱「白甲軍」，由於輕便，所以適用於水、步兵。明代的茅元儀所著之《武備志》中提到，南方地形險陷，適合步戰，但天雨地濕，鐵甲易生鏽爛，用絹布紙帛最好。至於紙甲的具體製作方法，在明代人朱國禎的《湧幢小品》中記載如下：「用無性極柔之紙加工錘軟，疊厚三寸，方寸四釘，如遇水雨浸濕，統箭難透。」為了防止箭、銃的殺傷力，以紙和布（絹、木棉）為材料製作而成的紙甲，因體輕，成為主要用於明代南方之步兵和戰船水兵，直至明朝末年。

圖 2-33　明朝武將石像

圖片來源：劉煒主編，《中華文明傳真‧明：興與衰的契機》，頁 35。

圖 2-34 鎖子甲及鄭成功著之山文甲

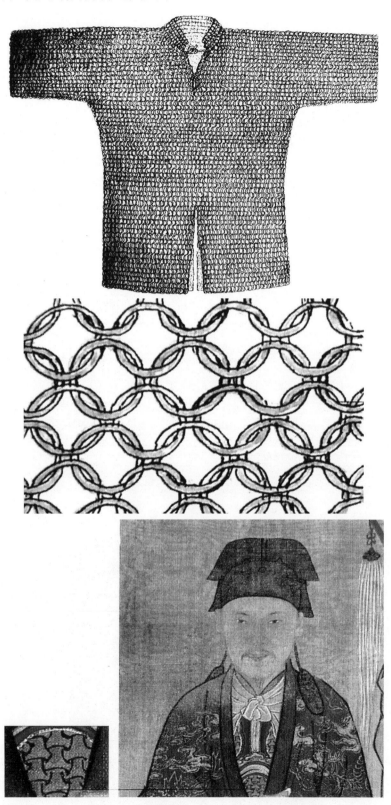

圖片來源：劉煒主編，《中華文明傳真・明：興與衰的契機》，頁 53。鎖子甲為
　　　　　明代中晚期出現的新式鎧甲。製造方式為將直徑 1 公分的小鐶編在一
　　　　　起，不再像元朝鎧甲上綴上鐵片。由於輕便靈活，軍人行動更加自如。

圖 2-35　明代彩釉武將及明將周遇吉所屬之鳥槍兵

圖片來源：劉煒主編，《中華文明傳真》，頁 52-53。劉永華，《中國古代軍戎服飾》，頁 173。

圖 2-36　明代彩繪武將（圖片來源：劉永華，《中國古代軍戎服飾》、故宮藏《出警入蹕圖》。）

圖 2-37　《出警入蹕圖》中之明朝皇帝和御林軍鎧甲

圖片來源：國立故宮博物院藏。「出警入蹕」原意是指皇帝出巡歸來。畫中描繪的是皇帝在宮廷
　　　　侍衛的護送下，騎馬出京，聲勢浩大的來到京郊的十三陵拜先祖，然後在坐船返回北
　　　　京的情景，全畫長約 60 公尺。《出警入蹕圖》畫中的皇帝是唯一屬於正面形象，皇帝
　　　　正騎在一匹黑色的高頭大馬上，穿著金色的盔甲，盔甲兩臂繡有精美的龍紋，皇帝的
　　　　帽子上插著兩根白翎，還系著一條紅色的纓帶，其臉龐被畫的很大，突出其尊貴的身
　　　　份。不過畫卷上的皇帝究竟是誰？兩岸學者多數認為畫中的皇帝是明世宗嘉靖皇帝朱
　　　　厚熜，但明史專家朱鴻則仔細考證應為明神宗萬曆皇帝朱翊鈞。

圖 2-38　明神宗定陵所出土之甲冑

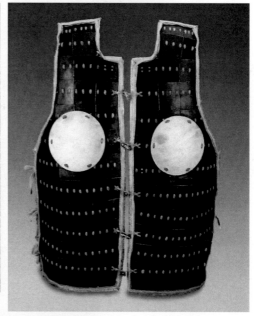

圖片來源：定陵博物館藏。

第三章　明代軍事之器具

明代是封建專制政體高度發展的朝代，它繼承並發展了唐、宋元的軍制原則，創立高度集權的明代軍制。明代軍制建設最基本的一個原則是「居重馭輕」，也就是效法唐宋時期，集天下之兵，來捍衛京師。明成祖遷都北京後，京師的武裝力量有：京營，爲明朝軍隊的主力，是全國最精銳的武裝；而京營分五軍營、三千營、神機營三大營，班軍。爲增強京師的軍事力量，由河南、山東、大寧、中都官軍，每年春秋兩季輪番赴京上操，叫班軍，共 16 萬人。畿內各府有 50 餘個衛所，約共官軍 20 多萬人。正統十四年土木堡之變後，明朝國力發展開始停滯。正德、嘉靖朝始逐漸中衰，社會矛盾萌發，並面臨蒙古、倭寇兩大外患。明神宗萬曆朝初期在名相張居正的輔政之下雖一度中興，惟至萬曆朝中期始，因立太子之爭，君臣關係緊張，終致皇帝怠政、官員腐化，關外女真興起，明朝開始走向衰亡。崇禎年間，臣子黨爭激烈，皇帝決策失準，殺名將袁崇煥，女真族後金軍隊突破長城，又遇連年災荒，各地爆發民變，叛降數易，官兵疲於奔命。加上京營、班軍、衛所的衰敗，營伍日虧，軍力衰耗，明朝終走上崩潰的途徑。不過，明朝武備發展史中，無論是城池爭奪戰中的攻城與守城器械、偉大的萬里長城或是龐大的鄭和遠航艦隊，皆是不朽的軍事設施。

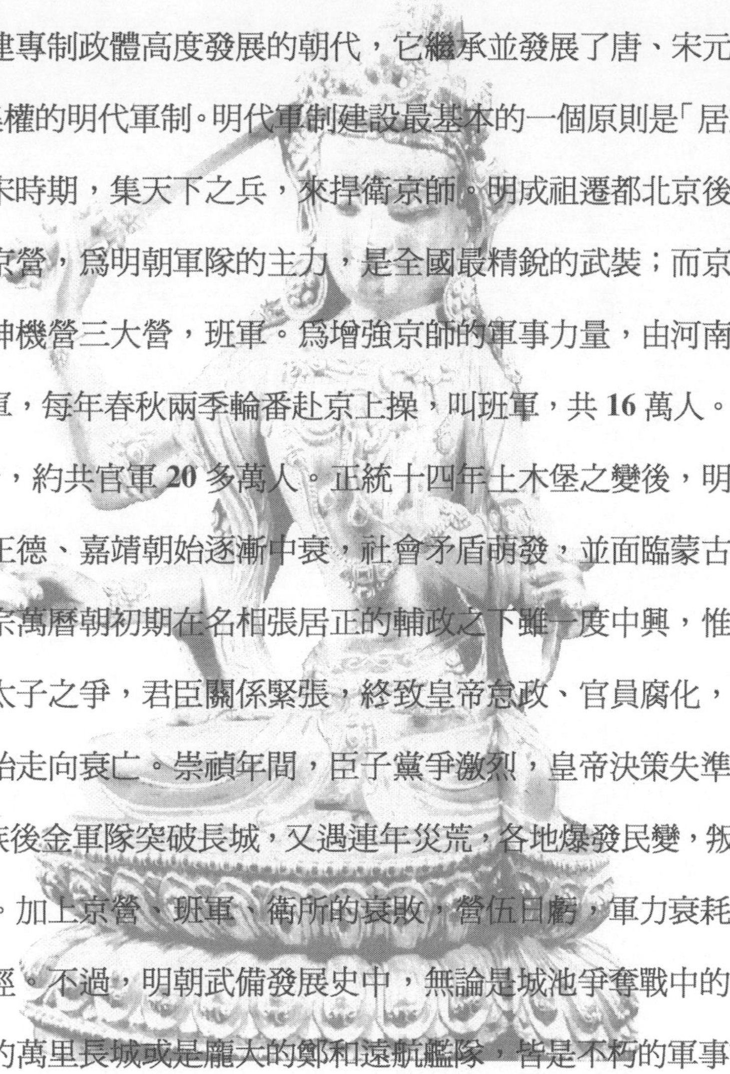

圖 2-1　鎏金文殊菩薩像。劉煒主編，《中華文明傳真·明：興與衰的契機》，頁 74-75。

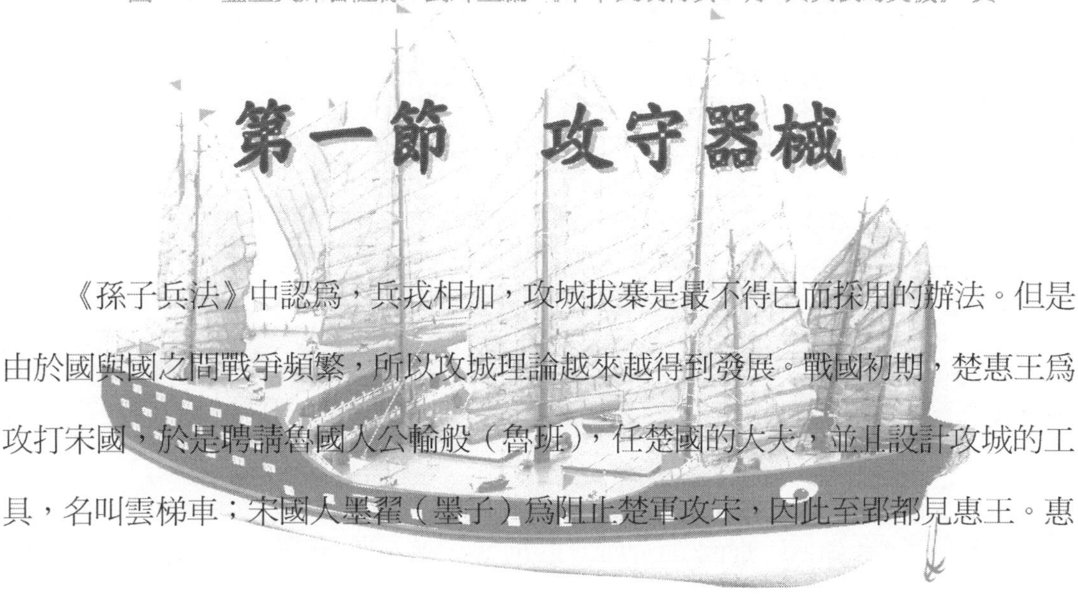

第一節　攻守器械

《孫子兵法》中認爲，兵戎相加，攻城拔寨是最不得已而採用的辦法。但是由於國與國之間戰爭頻繁，所以攻城理論越來越得到發展。戰國初期，楚惠王爲攻打宋國，於是聘請魯國人公輸般（魯班），任楚國的大夫，並且設計攻城的工具，名叫雲梯車；宋國人墨翟（墨子）爲阻止楚軍攻宋，因此至郢都見惠王。惠

第三章 明代軍事之器具

王命守方墨翟和攻方公孫般，來場沙盤推演，一個用雲梯攻城，一個就用火箭燒雲梯；一個用撞車撞城門，一個就用滾木擂石砸撞車；一個用地道，一個用煙熏。公輸般用了九套攻法，皆無法擊破墨翟的守城方法，這是中國早期著名的攻守試範。但是到了隋唐五代時期，一方面沿襲魏晉南北朝時期的新技術，另一方面因爲戰爭規模的擴大，戰略不斷的革新，因此各式各樣的攻城器械於是產生。

雲梯，即爲士兵用來一種攀登城牆的工具，進行短兵相接的器械，尤其是冷兵器的時代，欲破壞城牆極其困難，故以雲梯直接進行攻擊，通常是攻城戰的重要手段。它是由一般的梯子發展而來的，古代戰爭中所使用的雲梯，有些便是普通加長的梯子。攻城梯在攻城時有許多使用辦法，但多是以迅速登城爲決勝前提，所以在架梯時必須果敢、迅速。雲梯是士兵用來越過城牆進行攻擊的器材，尤其在冷兵器時代，城牆的破壞極爲困難，藉由雲梯直接進行攻擊往往是攻城戰的重要手段。雲梯有許多形式，如：飛梯、竹飛梯、躡頭飛梯、避檑木飛梯、杞車、行天橋、搭天車、行女墻和雲梯等。值得注意的是，雲梯的戰術並非以單梯作戰，否則極易爲敵人所消滅，必須先集結大量的雲梯於矢石的攻擊範圍外，然後由砲隊先行攻擊城牆，待減低敵人的防禦力後，最後再由雲梯部隊衝鋒，以使攻城部隊的傷亡減到最低。[1] 明代抗日及薊遼名將李如松於平叛寧夏時：

> 哱拜反寧夏，御史梅國楨薦如松大將才，其弟如梅、如樟並年少英傑，宜令討賊。乃命如松爲提督陝西討逆軍務總兵官，即以國楨監之。武臣有提督，自如松始也。…如松至，攻益力，用布囊三萬，實以土，踐之登，爲矢石所礙。如樟夜攀雲梯上，不克。游擊龔子敬提苗兵攻南關，如松乘勢將登，亦不克，乃決策水攻。拜窘，遣養子克力蓋往勾套寇，如松令部將李寧追斬之。已，套寇以萬餘騎至張亮堡。如松力戰，手斬士卒畏縮者，寇竟敗去。水侵北關，城崩。如松及蕭如薰等佯擊北關誘賊，而潛以銳師襲南關，攀雲梯而上。拜及子承恩自斬叛黨劉東暘、許朝乞貸死。於是如

---

[1] 資料整理自固若金湯計畫，http://vm.nthu.edu.tw/history/shows/show01/sung.siege/。

松先登，如薰及麻貴、劉承嗣等繼之，盡滅拜族。錄功，進都督，世廕錦
衣指揮同知。[1]

萬曆二十年（1592），李如松率軍平定寧夏哱拜（韃靼人，東蒙古族）叛亂。這
場關係到援朝的戰爭，明軍在戰場上使用的類似沙包及雲梯攻城，先用土壘戰
術，後用水攻戰術，終攻克寧夏城，哱拜投降，使明軍能順利入朝抗日。

木幔，通常在使用雲梯攻城時，都會以牛皮或木質材料製造的木幔，用來抵
禦來自城壘的火矢、飛石攻擊，掩護登城的士兵。據《通典·兵典·攻城戰具》
的記載：「以板為幔，立桔橰於四輪車上，懸幔逼城堞間，使趫捷者蟻附而上，
矢石所不能及，謂之『木幔』」。可見木幔是用來暫時抵禦來自城堞的矢石攻擊，
使攀牆攻城者減少傷亡的一種設施。[2] 塞門刀車，這是一種木製的兩輪車，與城
門同寬，當城門被破壞時，敵人衝入的時候，就用這種車堵塞城門缺口，利用車
前鋒利的刀擊退敵人。

轒轀車，為一種古老的攻城器械。《孫子兵法》其言曰：「脩櫓轒轀，三月乃
成，拒堙三月而後已」[3] 轒轀車的容量約載十名兵士，共有四個路輪。車底是空
的，因此乘員可以在裡頭推車前進，車頂和兩旁則覆以牛皮。由於轒轀車是尖頂
的，故能減少落石的破壞力。與轒轀車形制類似的攻城車輛還有很多，例如有一
種平頂木牛車，車頂是平的，城上落下的石塊容易破壞車棚，所以到了南北朝時
期，車頂改為等邊三角形，改名為「尖頭木轤車」，屬於衝車一種，前頭裝置巨
大鐵質或木質錐柱，用以破壞敵城大門。明代天啓年間，經略熊廷弼曾經請造雙
輪戰車，另外，「直隸巡按御史易應昌進戶部主事曹履吉所製鋼輪車、小衝車等
式，以禦敵，皆罕得其用」。[4] 又，明初，朱元璋與陳友諒爭霸時，友諒就曾「盡
銳攻南昌，飛梯衝車，百道並進」。[5] 可知衝車在戰場上的破壞力。

[1]張廷玉，《明史》，卷二百三十八〈李如松傳〉。
[2]資料整理自固若金湯計畫，http://vm.nthu.edu.tw/history/shows/show01/sung.siege/。
[3]陳壽，《三國志·魏書》，卷二十二〈陳群傳〉，引《孫子兵法》。
[4]張廷玉，《明史》，卷九十二〈兵志〉。
[5]張廷玉，《明史》，卷一百二十三〈陳友諒傳〉。

板屋（巢車）是中國古代一種設有望樓，用以登高觀察敵軍的車輛攻城戰時用來觀察敵方的一種車，其使用方法為移動式，利用轆轤，提升乘載兵士的吊籃，來偵查對方城內敵人的行動，由於吊籃很像鳥巢而得名。板屋車底裝有輪子，士兵可以堆動前進，車上豎起兩根堅實的木頭，柱子頂端設有一個轆轤軸（滑車），用繩索繫一小板屋於轆轤之上，板屋高九尺，方四尺，四面開有十個個瞭望孔，外面覆蓋著生牛皮，用以防禦敵人的弓矢與石擊。

拋車，又稱做拋石車或砲車，是一種裝設有二輪或四輪，車架上豎立木柱，木柱的頂端架設軸轤，軸的中間穿砲桿，砲桿的長臂一端繫皮巢用以填裝石塊，短臂端繫幾十至百餘條繩索以供眾兵士拉曳，攻城號令一下，眾兵猛拉繩索，在離心力的作用下使石塊拋向遠方目標物。拋車相傳起源於春秋戰國時代，到了兩漢時被普遍運用在戰場之上。漢獻帝建安五年（200），曹操和袁紹在官渡會戰，袁紹軍以高櫓車置山坡上，以高制下，箭矢齊發；另一方面，曹營則以砲車反擊，石破櫓樓，因而取勝，時稱「霹靂車」。[1]

明正德刊本《武經總要》共載十八種砲車，其中用於攻城的有兩種行砲車，用於守城的有砲車、單梢砲（兩種）、雙梢砲、五梢砲、七梢砲、旋風砲、虎蹲砲、拄腹砲、獨角旋風砲、旋風車砲、臥車砲、車行砲、旋風五砲、合砲、火砲等。明朝「弘治十五年（1502），陝西總制秦紘請用隻輪車，名曰全勝，長丈四尺，上下共六人，可衝敵陣。十六年（1503），闈住知府范吉獻先鋒霹靂車」。[2] 早期砲車是投擲石塊，而歷史文獻中記載的「拋車」、「飛石」一詞即為砲車，可見這些投石器不僅運用於守城，也有許多時候運用於攻城或野戰的時候；宋代《武經總要》曾提到：「凡砲，軍中之利器也，攻守師行皆用之。」足見宋代對於投石器的重視。等到明朝火兵器發展迅速，戰車於是成為發射火彈之用。明代戰場上所使用之軍事車輛，種類相當繁多，甚至設置有「戰車營」；明朝嘉靖年間，大同巡撫李文進曾向俞大猷學習軍事，於是設計出「獨輪車拒敵馬，嘗以車百輛，

---

[1] 陳壽，《三國志‧魏書》，卷六〈袁紹傳〉。
[2] 張廷玉，《明史》，卷九十二〈兵志〉。

步騎三千，大挫敵安銀堡。文進上其制於朝，遂置兵車營。京營有兵車，自此始也。」[1] 而兵車上會裝備有槍、弩、銃、炮等，主要功能為運輸及戰鬥。其興盛的主因有二：第一點是用來對付北方遊牧民族的騎兵；第二點是配合大量使用火兵器及冷兵器使用。正是如此背景下，戰車在明朝又重新展現出活力。據《續文獻考・兵策》記載，明朝正統至萬曆年間，先後製造了小火車、獨輪車、全勝車、戰車、軍隊小車等；而且僅僅在天順六年（1462）就建造兵車 1,220 輛。[2]

配合城牆使用的防守器械則有拒馬槍、鐵疾藜、陷馬坑、地聽、木柵等。拒馬槍是可移動的障礙物，材質為木頭，以圓木為竿，根據戰場上實際需求來確定長短，圓木上鑿十字孔，製成人字型，將槍頭穿在約一丈長的橫木上，讓槍尖向上，設於軍事要害、城門、巷道之處，用於反騎兵突擊。明朝時，由於倭寇及女真入侵熾盛，所以發展出許多特殊又有用的兵器；其中名將戚繼光曾「議立車營，車一輛用四人推輓，戰則結方陣，而馬步軍處其中。又製拒馬器，體輕便利，遏寇騎衝突。寇至，火器先發，稍近則步軍持拒馬器排列而前，間以長鎗、筤筅。寇奔，則騎軍逐北。又置輜重營隨其後，而以南兵為選鋒，入衛兵主策應，本鎮兵專戍守。節制精明，器械犀利，薊門軍容遂為諸邊冠。」[3] 由於筤筅、拒馬器及戰車的相互配合，使得薊遼的明兵軍容壯碩，成為各個邊鎮的模範。

鐵菱又稱為鐵疾藜，疾藜原本是一種一年生的草本植物，因為它的果實外殼上有刺，所以古時候作戰時，經常就地取材，收集大量的疾藜，再撒放在敵軍必經道路之上，用來刺傷敵軍人馬腳底部。陷馬坑，坑多深三尺，內密佈鐵尖或竹槍，坑上多擺放掩飾物，用以迷惑敵人。地聽屬監聽敵軍挖掘地道的偵察工具，其形制為：「地聽於城中八方，穿井各深二丈，令人頭覆戴新甕於井中坐聽，則城外五百步之內有掘城道者，並聞於甕中，辯方所遠近。」[4] 該法有科學根據，因敵軍鑿地道的聲波弱小，容易使缸體產生共振，能夠以此測出敵軍方位與距離。

---

[1] 張廷玉，《明史》，卷二百十二〈俞大猷傳〉。
[2] 劉錦藻，《皇朝續文獻通考》，〈兵策〉。
[3] 張廷玉，《明史》，卷二百十二〈戚繼光傳〉。
[4] 李筌，《太白陰經》，卷四〈戰具〉。

圖 3-2　雲梯車與木幔

圖片來源：歷史群像，《戰略戰術兵器事典・中國古代編》（東京：學研研究社，1995），頁 12。
臨淄古車博物館藏。明代平遙古城上軍事器械，鐵血論壇。

圖 3-3　轒轀車和鉤撞車

圖片來源：歷史群像，《戰略戰術兵器事典‧中國古代編》，頁 13。臨淄古車博物館藏。明代平
遙古城上軍事器械，鐵血論壇。

圖 3-4　板屋（巢車）

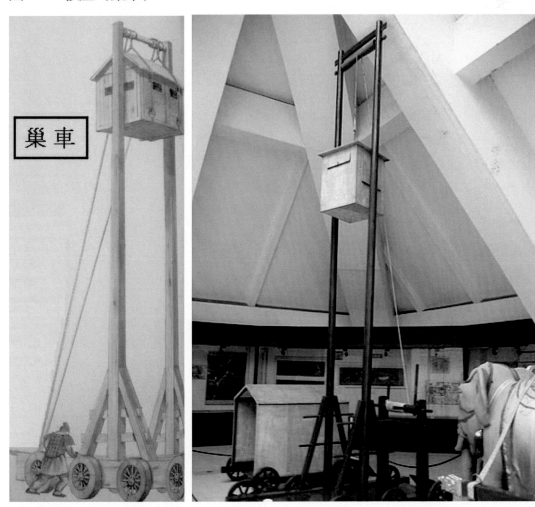

圖片來源：左：歷史群像，《戰略戰術兵器事典‧中國古代編》（東京：學研研究社，1995），頁
14。右：臨淄古車博物館藏。

圖 3-5 衝車及撞車

圖片來源:《戰略戰術兵器事典・中國古代編》,頁 13。明代平遙古城上軍事器械,鐵血論壇。

圖 3-6 塞門刀車

圖片來源:臨淄古車博物館藏。明代平遙古城上軍事器械,鐵血論壇。

圖 3-7 中國攻、守城器械復原圖

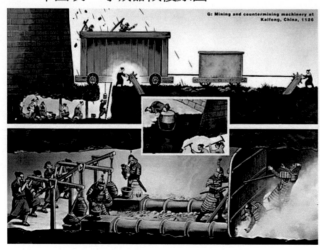

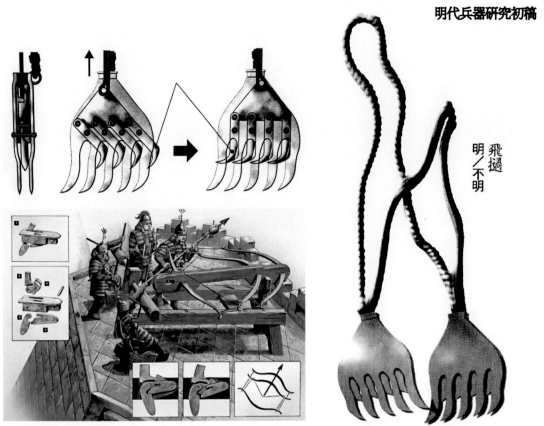

圖片來源：Tumbull, "Siege Weapons of the Far East(1) AD612-1300." Osprey, 2001.

圖 3-8 搭天車、絞車、行天橋

圖片來源：明代平遙古城上軍事器械，鐵血論壇。

圖 3-9 明朝戰車營中的火戰車

圖片來源：明代平遙古城上軍事器械，鐵血論壇。中國生活日報，記者郭學軍攝。

第二節　水軍船艦

　　中國海岸線幅員遼闊，江河縱橫，湖泊星羅棋布，海域廣大。特別是東南方面臨的太平洋，有綿延一萬八千公里的海岸線，擁有五千多座島嶼，讓中國成為世界上最大的海洋國家之一。中國人的航海活動，可以追溯到遠古時代，其中船艦是水軍主要的裝備，最早有水軍的建置是在春秋戰國時期，尤其是吳、越、楚國等地方，都備有舟師的船隊，其中《越絕書》中越王句踐曾對至聖先師孔子說過：「夫越性脆而愚，水行而山處，以舟為車，以楫為馬。」[1] 此話說明吳越地區的人們對於水戰有越來越熟練的技術，直到戰國末年，中國各地船艦的運用逐漸增多，技術亦更加進步。世界古今中外，人類多將船當作成水上交通工具，亦把船當江河上的作戰武備。中國最早的戰船，事實上已經不可考，但是今日能夠從古代文物中，得到具體的線索。例如：1935 年河南山彪鎮一號戰國墓出土的銅鑑；1965 年四川成都百花潭 10 號戰國墓出土的銅壺；北京故宮庋藏之春秋晚期銅壺。這三件銅器，紋飾皆極為類似，均雕採桑、習射、宴樂、水戰、攻城、戈射等豐富圖案，反映出當時的社會文化、經濟、政治、軍事等（參見圖 3-10）。

圖 3-10　古代有記載船艦之文物。劉榮三，《由船幣看船史・中國戰船》。

---

[1] 《越絕書》，卷八〈記地傳〉。

圖 3-11　中國早期艦隊想像圖

圖片來源：Tumbull, "Fighting ships of the far east(1) 612BC- AD 1419." Osprey, 2002, p25.

圖 3-12　古代海戰示意圖

圖片來源：Tumbull, "Fighting ships of the far east(1) 612BC- AD 1419." Osprey, 2002, p25.

圖 3-13　古代樓船及剖面復原圖

圖片來源：Tumbull, "Fighting ships of the far east(1) 612BC- AD 1419." Osprey, 2002, p26.《戰略戰術兵器事典‧中國中世‧近代編》，頁 17。

　　中國總海岸線長達 18,000 多公里，沿海的居民在早在春秋戰國時代（西元前 8 世紀至西元前 3 世紀），就已經能夠掌握季風的規律變化進行沿岸航行；到了漢朝（西元前 3 世紀至西元 3 世紀），中國商船已遠航至印度東南部進行貿易，開啓了海上貿易航線；直到宋元時朝（西元 10 至 14 世紀），中國的海外貿易達到鼎盛。古代中國人在海外貿易的成就，與其擁有性能優異的船舶有密切的關係。中國帆船種類繁多，可粗分爲福船與沙船二大類，福船有龍骨、尖頭尖底、吃水深；沙船沒有龍骨，方頭平底，吃水淺。福船與沙船均適用於遠洋航行，但因福船性能較佳而較常被採用。沙船是北方航海帆船的代表，也是所有中國海洋帆船的結構母型，日後的中式尖底帆船正是由平底帆船所改良。

　　沙船出現在唐代蘇州崇明，因爲長江中沙洲羅布，長江口和北洋航線沿途多淺灘暗沙而不利航行，平底沙船便應運而生。沙船在歷代皆有不同名稱，直至明代才通稱爲「沙船」。元代承續宋代沙船在內河航運上發達基礎，進一步擴大於海洋航運。直至清代，沙船一直活躍於北洋航線與往返日本的重要國際航線上。沙船在航運最盛時，從 130 噸發展成爲 1200 噸的巨型海船，擔負北運糧食的重責大任。直到鴉片戰爭後，沙船地位逐漸被西方輪船取代而衰弱。沙船不同於其

他船型的兩大特點，為平底船底和船身兩側懸掛著披水板。沙船方頭方尾、甲板開敞、船底平、重心低，在沙面上可行可泊，稍擱無礙，與筏有異曲同工之妙。當面臨正面逆風航運時，操作船帆，船體側著風走Z字形航線前進，利用舷側的披水板增加船舶逆向移動的阻力以減少橫漂現象。另外，沙船的特色尚有：採用大梁拱，使甲板能迅速排浪；有升降舵，提高操舵效率；多桅多帆，航速快捷；水密隔艙設計可防止船殼破損時大區域進水問題。沙船的缺點是沒有船底龍骨，堅固度不及福船船艦的一半。

福船為可航行遠洋，屬中國東南沿海常用之船。福建地處東南沿海，境內多山，盛產造船用的木材等物料，且富有造船技術和海外貿易傳統，使福建帆船成為中國古代海船的主要船型之一，在海上絲綢之路留下輝煌的歷史。《太平寰宇記》中，把海舶列為泉州、漳州土產之一。福船的建造、運用年代極早，明確的「福船」稱謂，出現在明朝萬曆四十一年（1613），主要建材是福建的松、杉、樟、楠木。福船船底尖、身身闊、頭尾尖高、船體平寬，適合在浪濤洶湧的遠洋路線中航行，這也是尖底的福船和善於沙面航行的平底沙船之最大差異。在船體結構方面，福船有縱向通體的龍骨、多層板建構船體，和縝密的水密隔艙設計，不僅提高船體結構強度，防止船殼破損時大區域的進水情況，更有助船舶穩定航行於風浪濤天的海況。因為福船擁有絕佳的穩定性能和海戰能力，因此成為明代海軍的船艦主力，抗倭名將戚繼光曾贊歎福船的作戰和航行能力。

明朝永樂三年（西元1405年7月11日），明成祖命太監鄭和率領擁有二百四十多海船、二萬七千四百名船員的龐大船隊遠航，出航拜訪了30多個在西太平洋和印度洋的國家和地區，加深了大明帝國和南海（今東南亞）、東非的友好關係，史稱鄭和下西洋。每次都由蘇州瀏家港出發，一直到明宣德八年（1433），一共遠航了有七次之多。最後一次，宣德八年四月回程到古里時，在船上因病過世。民間故事《三寶太監西洋記通俗演義》將鄭和的旅行探險稱之為三寶太監下西洋。鄭和曾到達過爪哇、蘇門答臘、蘇祿、彭亨、真臘、古里、暹羅、榜葛刺、

阿丹、天方、左法爾、忽魯謨斯、木骨都束等三十多個國家，最遠曾達非洲東部，紅海、麥加，並有可能到過澳大利亞。鄭和一共七次下西洋，第七次下西洋於明朝宣德五年（1430），鄭和率領二萬七千餘官兵，駕駛寶船 61 艘，從龍江關（今南京下關）啓航，經徐山、十日到江蘇太倉，二十日出太倉附子門、二十一日到瀏家港，駐留約一個月，在此期間，鄭和在瀏家港北漕口修建天妃宮，宣德六年（1431）春天，天妃宮修建完畢，鄭和立《通番事蹟記》碑：「和等自永樂初，奉使諸番，今經七次，每統官兵數萬人，海船數百艘，自太倉開洋，由占城國，暹羅國，爪哇國，柯枝國，古里國，抵西域忽魯謨斯等三十餘國，涉蒼溟十萬餘裏…明宣德六年，正使太監鄭和、王景弘，副使太監朱良、周滿、洪保、楊真，左少監張達等立」。[1] 而鄭和船隊的旗艦爲「寶船」，據跟隨鄭和下西洋的翻譯官馬歡所著《瀛涯勝覽》（景泰二年，1451 年定稿）記錄：鄭和航海寶船共 63 艘，最大的長 44 丈 4 尺，寬 18 丈，[2] 可算是當時世界上最大的海船，換算現今長度爲 151.18 公尺，寬 61.6 公尺，寬 75 公尺。船上 9 桅可掛 12 張帆，錨重有幾千斤，要動用二百人才能啓航，一艘船可容納有千人。明代史料中亦記：「寶船高大如樓，底尖上闊，可容千人。」[3]

---

[1]鄭和，《婁東劉家港天妃宮石刻通番事蹟》碑，鄭鶴聲等編，《鄭和下西洋資料彙編》，頁 598-599。
[2]明・馬歡，《瀛涯勝覽校注》（中國：海洋出版社，2005），頁 5。
[3]由於寶船換算今日尺寸，約是一艘航空母艦長，因此學者產生許多疑問。有學者主張爲沙船或福船型，更有學者考據認爲寶船爲一大片竹筏。關於明代各式船隻請參見《明史・兵志・車船》，卷九十二。其載：舟之制，江海各異。太祖於新江口設船四百。永樂初，命福建都司造海船百三十七，又命江、楚、兩浙及鎮江諸府衛造海風船。成化初，濟川衛楊渠獻槳舟圖，皆江舟也。海舟以舟山之烏槽爲首，福船耐風濤，且禦火。浙之十裝標號軟風、蒼山，亦利追逐。廣東船，鐵栗木爲之，視福船尤巨而堅。其利用者二，可發佛郎機，可擲火毬。大福船亦然，能容百人，底尖上闊，首昂尾高，柁樓三重，帆桅二，傍護以板，上設木女牆…中爲四層，最下實土石；次寢息所；次左右六門，中置水櫃，揚帆炊爨皆在是；最上如露臺，穴梯而登，傍設翼板，可憑以戰。矢石火器皆俯發，可順風行。海蒼視福船稍小。開浪船能容三、五十人，頭銳，四槳一櫓，其行如飛，不拘風潮順逆。艟鯮艨船視海蒼又小。蒼山船首尾皆闊，帆櫓並用。櫓設船傍近後，每傍五枝，每枝五跳，跳二人，以板間跳上，露首於外。其制上下三層，下實土石，上爲戰場，中寢處。其張帆下椗，皆在上層。戚繼光云：「倭舟甚小，一入裡海，大福、海蒼不能入，必用蒼船逐之，衝敵便捷，溫人謂之蒼山鐵也。」沙、鷹二船，相胥成用。沙船可接戰，然無翼蔽。鷹船兩端銳，進退如飛。傍釘大茅竹，竹間艟可發銃箭，艟內舷外隱人以盪槳。先駕此入賊隊，沙船隨進，短兵接戰，無不勝。漁船至小，每舟三人，一執布帆，一執槳，一執鳥嘴銃。隨波上下，可掩賊不備。網梭船，定海、臨海、象山俱有之，形如梭。竹桅布帆，僅容二、三人，遇風濤輒舁入山麓，可哨探。蜈蚣船，象形也，能駕佛朗機銃，底尖面闊，兩傍楫數十，行如飛。兩頭船，旋轉在舵，因風四馳，諸船無逾其速。蓋自嘉靖以來，東南日備倭，故海舟之制，特詳備云。

圖 3-14　鄭和寶船復原模型

圖片來源：劉煒主編，《中華文明傳真‧明：興與衰的契機》，頁 82。

圖 3-15　寶船與同時代的哥倫布之聖‧瑪莉亞號船型比較

鄭和寶船　　　　哥倫布航船

圖片來源：劉煒主編，《中華文明傳真‧明：興與衰的契機》，頁 82。

圖 3-16　鄭和寶船船隊隊型與七次下西洋航行圖

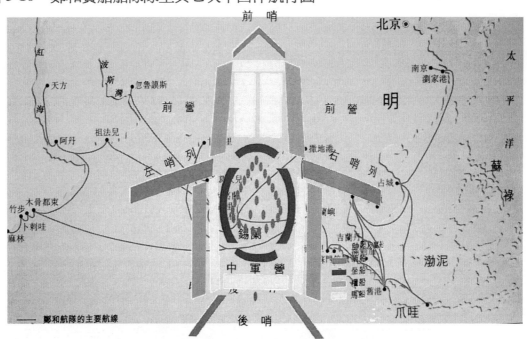

圖片來源：劉煒主編，《中華文明傳真・明：興與衰的契機》，頁 78。

圖 3-17　鄭和寶船船舵桿示意圖

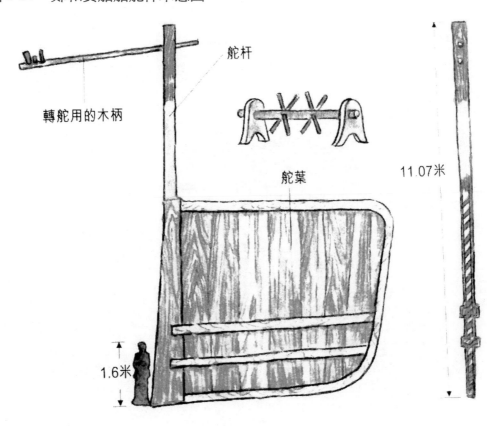

圖片來源：劉煒主編，《中華文明傳真・明：興與衰的契機》，頁 83。

圖 3-18　南京龍江寶船廠遺址出土的起錨用絞關木

船廠出土的絞關木

圖 3-19　麒麟畫

圖片來源：劉煒主編，《中華文明傳真‧明：興與衰的契機》，頁 83。該舵桿為鐵力木製造，總長 **2.22** 公尺，估計可起重 **500** 公斤的錨。鐵力木比重重於水。學者以此推測寶船的大小。

圖片來源：《中華文明傳真‧明：興與衰的契機》，頁 **77**。

圖 3-20　鄭和寶船航行之長江出海口

圖片來源：《中華文明傳真‧明：興與衰的契機》，頁 83。

圖 3-21　坤輿萬國全圖

圖片來源：劉煒主編，《中華文明傳真‧明：興與衰的契機》，頁 146-147。義大利傳教士利瑪竇於明萬曆三十年（1602）繪製。當時由於西方繪圖法的傳入，促使中國測繪科學進入了新的階段。（192×346 公分彩色摹繪本，南京博物館藏。）

圖 3-22 　《抗倭圖卷》

圖片來源：明．仇英繪，《抗倭圖卷》。

圖 3-23 　《倭寇圖卷》及倭寇像

圖片來源：明嘉靖．無名氏繪，設色絹本．《倭寇圖卷》．長崎．勘次ヶ城。

圖 3-24　明代福船（右上）、廣船（左上）、沙船（下）示意圖

圖片來源：《中華文明傳真・
明：興與衰的契機》，頁 157。

圖 3-25　明代肆佰料戰座船模型

圖片來源：國立自然科學博物館藏，船模專家曾樹銘製作。

第三節　明代長城

　　中國城堡建造歷史中，從五代十國時期開始，政權更迭頻繁且相互攻伐，軍事重鎮屢屢受到戰火波及，所以個國皆築起堅實的城垣，以求鞏固。而地方上，盜賊蜂起，地方防衛勢力爲求自保，紛紛以宗族、鄉里和私人部曲的關係爲基礎，建立起城堡或山寨。面對防禦性逐漸提高的城堡，侵略者往往爲求得勝利，因此致力於設計新的攻城器械，像是：雲梯、衝車、井闌、巢車等；反之，守備方爲抵禦攻勢，亦建造起各式各樣的防守設施，如：柵欄、塹壕、鹿角、拒馬槍、鐵疾狸等。攻守雙方的動作，促進了各種軍事設備的發展，而這些發展紛紛延續到宋遼夏金元迄至明清時代，軍事專家皆紛紛研發並且加以改良。

　　中國古代的城是圍繞都邑構築的防禦性措施，以閉合式的城牆爲主體，其他的結構包括：女牆、羊馬城、馬面、甕城、關城、懸門、護城牆等，爲永固築城的基本型態，亦是歷朝各代軍事重鎮的防守依據。距今五千至七千年的仰紹文化時期，各部落爲保護本身的居住地，已經開始建設有防禦性質的壕溝工事；另外，根據考古發現，與尚未證實的夏代同時期已有夯土城牆的遺跡；春秋戰國時代是中國大規模建設城池的時代，春秋時的魯國曲阜城、東周雒陽王城、秦國的雍城等，其城牆厚度皆約十公尺左右，牆外還有壕溝環繞；戰國時的齊國臨淄城、燕國的下都城、楚國的紀南城等，夯土密實，其城牆已加厚至約二十公尺。根據《考工記·匠人》中的記載，雖有規定城高的限制，[1] 但是從上述各古城遺址來看，當時各國競築高城，城池規模的限制並未遵守。秦代出現長城建築，漢代的長城則有烽火臺發明。城壘的演進，隨著時間與戰爭形態的變遷，而有所不同。中國城堡雖然可能在戰國時代已經有使用磚瓦的情形，但現據歷史記載，直到隋代才開始用磚來修建城牆，其結構爲外層用磚，內填夯土。城牆形狀更複雜，尺寸也

---

[1] 《考工記·匠人》。《考工記》涉及宮城設計的有「匠人建國」和「匠人營國」兩節。雖只有兩百來字，但它卻是現存最早的城市建築及其規劃方面的史籍之一，對後世的影響很大，研究中國古代建築獨具一格的特點及其背後蘊含的豐富的設計思想。《考工記》無疑具有重要的價值.本文試從宇宙觀、禮治制度和重農業的觀點等方面，對匠人建國、營國的設計思想作些探討。

更加準確了。根據史籍所記：當時的城牆下闊上窄，下面二丈五，上面一丈二尺五，城牆高五丈，壕溝下闊二丈，下闊一丈，深一丈。[1] 可知隋唐以後，城堡的規模已經相當完備，而爲了阻止敵方的侵略，破壞敵方的攻城行動，防守一方配合守城的器械發展也越來越多樣化。

　　明代的城堡建築歷史中，除了偉大的萬里長城以外，更留下眾多雄偉的建築，像是：南京城、蓬萊水城及平遙古城等，皆是頗具規模的禦敵軍事基地。蓬萊水城又名備倭城，洪武九年（1376），以宋代刀魚寨爲基礎而建造；當時修築水城是爲防禦從海上入侵的倭寇。明萬曆二十四年（1596），又於土城外層加以磚石，東、西、北三面增築敵臺三處，即成今日的規模。水城周長約 1.5 公里，高 11 公尺餘，總面積 25 萬平方公尺。作爲重要的防禦性建築，水城在東、西、北三面各設三座敵臺，而在水門東北和西北面還各設一座炮臺，它們與城牆、水閘、護城河以及水門、平浪台、碼頭等一起構成了嚴密的海上軍事防禦體系，成爲當時駐紮水師、停泊船艦、水上操練、出哨巡洋的軍事基地。

圖 3-26　明代蓬萊水城及戚繼光父子總督坊

圖片來源：《中華文明傳真・明：興與衰的契機》，頁 68-69。

[1] 資料轉引自陸敬嚴，《圖說中國古代戰爭戰具》（上海：上海同濟大學研究社，2001），頁 71-72。

圖 3-27　明代蓬萊水城照

圖片來源：樂途網。

圖 3-28　明代登州蓬萊水城示意圖

圖片來源：歷史群像，《戰略戰術兵器事典‧中國中世‧近代編》，頁 34-35。

　　南京城，周長96公里，現存約21公里。明城牆爲明太祖朱元璋聽取朱升「高築牆」的建議建造，建於洪武七年至十一年（1374-1378），爲世界上現存最長的城牆，也是中國少有的保存良好的古代城牆，是南京現存最大的古代建築。內城原有13座城門，歷經戰火、破壞以及改建之後，現存的明代城門還有聚寶門（中華門）、石城門（漢西門）、神策門（和平門）和清涼門，其中除神策門還保留有清朝時修建的城樓之外，其他城門的城樓都已無存。皇城與宮城現在僅有午朝門、西安門和西華門等少數幾處遺迹留存。

圖 3-29　南京聚寶門甕城、馬道與城磚圖

圖片來源：《中華文明傳真·明：興與衰的契機》，頁 10-11。

圖 3-30　南京聚寶門藏兵洞、皇城午朝門

圖片來源：《中華文明傳真·明：興與衰的契機》，頁 11-12。

圖 3-31　南京中華門（聚寶門）

圖片來源：維基百科。

圖 3-32　南京聚寶門示意圖及明代驛站通行符

圖片來源：歷史群像，《戰略戰術兵器

事典中國中世近代編》，頁 36-37。《話說中國：集權與裂變-1368 至 1644 年的中國故事》，頁 282。

　　明代平遙古城爲明朝初年，爲防禦外族南擾，始建城牆。洪武三年（1370），舊牆垣基礎上重築擴修，並全面性包覆磚頭。歷經景德、正德、嘉靖、隆慶和萬曆各朝，進行過十次在的補修和修葺，更新城樓，增設敵臺。康熙四十三年（1703）因皇帝西巡路經平遙，而築了四面大城樓，使城池更加壯觀。平遙城牆總周長6,163 公尺，牆高約 12 公尺，把面積約 2.25 平方公里的平遙縣城一隔爲兩個風格迥異的世界。城牆以內街道、鋪面、市樓保留明清時代形制；城牆以外稱新城。這座古代與現代建築各成一體，交相輝映。

圖 3-33　明代平遙古城

圖片來源：《中華文明傳真・明：興與衰的契機》，頁 **64-65**。

第三章 明代軍事之器具

「萬里長城，萬里長」。長城是由不同時期的各朝代政權興建，爲的是抵禦不同時期的塞北遊牧部落民族入侵，而修築的規模浩大的軍事工程的統稱。現存的長城遺迹主要爲始建於十四世紀的明代長城，西起嘉峪關，東至鴨綠江邊的虎山長城，全長 8851.8 公里，[1] 平均高 6 至 7 公尺、寬 4 至 5 公尺。長城的修築始於春秋戰國時代，已有 2,000 多年的歷史。《延慶州志》載：「古長城，在州南二十餘里，即燕塞，燕昭王用秦開謀，置上谷塞，自上谷以北至遼西。秦始皇因其舊址而大築之，至今岔道以北迤邐而至永寧一帶遺址猶存。」[2] 初唐時，因北方突厥已被平定，而具威脅，未修長城；五代後晉於西元 938 年，獻燕雲十六州給契丹民族，修築長城變爲無意義；元朝統治者爲北方草原民族的榮耀－「蒙古族」，僅對一些關口做了修繕，僅僅起到盤查路人和商路驛站的作用；與蒙元類似，滿清也未修長城。現代修長城，除了是對古迹的維修和保護外，也部分程度上是爲了發展旅遊，但在軍事上已經失去意義。

秦始皇三十三年（前 214 年），秦始皇派大將蒙恬率領三十萬人北逐匈奴，佔據河套，並修築長城。「秦已并天下，乃使蒙恬將三十萬衆北逐戎狄，收河南。築長城，因地形，用制險塞，起臨洮，至遼東，延袤萬餘里，於是渡河，據陽山，逶蛇而北。暴師於外十餘年。」[3] 秦長城把過去秦、趙、魏、燕長城連接起來，從臨洮到遼東的綿延萬里，始有「萬里長城」之稱。西漢則繼續對長城進行修建，來抵抗匈奴的侵襲。從文帝至宣帝在位止，先後築成西起大宛貳師城、東至朝鮮平壤南部大同江入海口、全長近一萬公里的長城，漢長城是歷史上最長的長城。《漢書》載漢高祖劉邦認爲：「長城以北引弓之國受令單于，長城以內冠帶之室朕亦制之」。[4] 隋初，爲防範北方突厥民族，《隋書》載隋煬帝大業三年（607 年）：「發丁男百餘萬築長城，西距榆林，東至紫河，二旬而罷，綿亙千里。」[5] 隋長

---

[1] 新華網，〈明長城最新調查資料：總長度 8,851.8 千公尺〉報導，2009 年 4 月 18 日。
[2] 《延慶州志》。
[3] 司馬遷，《史記》，卷八十八〈蒙恬傳〉。
[4] 班固，《漢書》，卷九十四〈匈奴傳〉。
[5] 魏徵，《隋書》，卷三〈煬帝本紀〉。

城在前代北魏和北周、北齊長城的基礎上，將東起紫河，經朔方、靈武直至榆谷以東的長城、築壘基本連成一線和增建。而女真族金朝爲防禦蒙古高原諸遊牧部落，開始大築長城。金朝所修長城，史稱金界壕或金邊堡。直至明代時，從明太祖洪武至明神宗萬曆年間，經過先後二十餘次大規模的修建，犧牲累計約 200 萬至 300 萬人力爲代價，在累計兩百年時間內，建築起西起甘肅嘉峪關，東至遼東虎山，全長 6,350 公里的長城。這也是今日所見到的大部份長城。

萬里長城的主要構築，是以「因地形，用制險塞」[1] 爲基本法則。「因地形」，即指根據地形條件而構築工程，和充分利用在地的自然資源選擇合適的建築材料。「用制險塞」，主要是指利用地理天險禦敵。此原則有利於防守，也可以節省建築材料。長城的修築從春秋到明後期，持續了兩千餘年。由於各個時代的生產力、技術科技水準的不同，亦因各政權面臨的軍事形勢不同，歷代修建的長城在構造、建築方法及形制方面都互有不同。長城橫貫於中國北方各處，這些地方的地理環境多有所差異，即便同時代所修的長城面貌也有不同。就不同歷史時期和築城技術的發展而言，北魏以前各朝所修的長城，以版築夯土爲主，北魏時出現了磚石結構的長城，明代長城則廣泛運用了石砌法、磚砌法、磚石混砌法。就長城沿線各地的地理條件之不同而言，建造長城所需的材料均按「因地制宜」的原則就地取材解決。晉代崔豹《古今注·都邑》提到：「秦所築長城，土色皆紫，漢亦然，故雲紫塞焉。」[2] 山地則開山取石壘牆；黃土地帶則取土夯築；沙漠則用蘆葦或柳條，加以層層鋪沙修築。此外，砌牆所用的磚、瓦、石灰和木料等，除就地設窯燒制或砍伐外，官府還設有專門部門供應。《明史》曾載北方長城建築的規模：「修築宣、大邊牆千餘里，烽堠三百六十三所。後以通市故，不復防，遂半爲敵毀。至是，兵部請敕邊將修補。科臣又言，垣上宜築高臺，建廬以棲火器，從之。…三十四年，修烽堠二千八百有奇。」[3]

---

[1] 司馬遷，《史記》，卷八十八〈蒙恬傳〉。
[2] 崔豹《古今注》，卷上〈都邑〉。
[3] 張廷玉，《明史》，卷九十一〈邊防志〉。

圖 3-34　萬里長城與明代九邊圖

圖片來源：維基百科。《中華文明傳真‧明》，頁 59。

圖 3-35　萬里長城與明代九邊圖

圖片來源：《中華文明傳真‧明》，頁 58。

圖 3-36　角山長城與司馬台長城

圖 3-37　嘉裕關

圖片來源：《中華文明傳真·明：興與衰的契機》，頁 62-63。《話說中國：集權與裂變-1368 至 1644
　　　年的中國故事》，頁 134。

圖 3-38　居庸關與八達嶺

圖片來源：《中華文明傳真‧明：興與衰的契機》，頁 71。《話說中國：集權與裂變-1368 至 1644
　　年的中國故事》，頁 163。

圖3-39 「天下第一關」山海關與炮臺

圖片來源：維基百科，《話說中國：集權與裂變-1368至1644年的中國故事》，頁297。歷史群像，《戰略戰術兵器事典‧中國中世‧近代編》，頁38-43。

第四章 明代火兵器之研究

　　中國古代火藥的發明過程，是將硝石、硫磺、含碳物質等予以搗碎，碾碎成粉末，經過一定程序的拌和與配製，混合而成火藥。北宋初期的兵器製造家便利用這種燃爆效應，製成最初的火器。明朝中葉後，隨著歐洲人東來，歐洲火炮技術亦陸續經由傳教士、商人傳入中國。明政府鑒於本身火炮素質尚未純熟，加上面對日本、女真、蒙古等外患，引進歐洲火炮成爲明季增強國防力量的不二法門。其中佛郎機炮、紅夷炮最受重視。在徐光啓（1562-1633）、李之藻（1565-1630）等與西洋人的接觸下，先後向朝廷推薦製造。戚繼光（1528-1587）、孫承宗（1563-1638）、袁崇煥（1584-1630）等將領，更將之運用於實戰中。本章節將以火銃、火箭、火炮爲論述範圍，選取若干明代史料，綜合各學者的研究成果，淺論它們發展的經過，以及明軍的仿製及軍事應用，作明代火兵器初步的分析。

圖 4-1　葛飾北齋，〈韃將以雙穴短炮射擊明兵圖〉

圖片來源：葛飾北齋，1760 年生於的江戶，是江戶時代浮世繪派的大師級人物。

83

第四章 明代火兵器之研究

一般認爲火藥發明時間是在中唐時期，鄭思遠《真元妙道要略》，卷十九〈道藏〉載：「有以硫磺、雄黃、合硝石並蜜燒之，燄起，燒手面及燼屋舍者。」此外，亦有文學作品中，記載在唐以前已經出現木炮這類武器，但是此類著作皆完成於唐朝以後，真實性上有所疑慮，故不被承認爲「火藥」發明的時間。另有研究指出火藥始見於秦朝（221 Bc -206 Bc），但因文獻不足以證明，並且沒有完整的正式紀錄製作方法。西漢時，劉安的《淮南子》就有部份記載硫磺所擁有的療效；漢朝《神農本草經》記載，石硫黃，能夠化金銀銅鐵，硫磺與金屬配合所能產生的化學作用。按宋朝人路振所著《九國志‧鄭璠傳》的記載，唐昭宗天佑元年（904），楊行密圍攻豫章城（今中國江西南昌）時，部將鄭璠命所部「發機飛火，燒龍沙門，率壯士突火，先登入城，焦灼被體。」[1] 此「機」當指拋石機，「飛火」則是飛行距離較遠的炮火。時間稍晚的許洞在《虎鈐經》中解釋爲：「飛火者，謂火炮、火箭之類也。」[2] 這是中國目前已知使用火藥武器的最早記錄。飛火是用弓或拋車發射的火箭，在箭杆上綁一火藥團或沾上油料，點燃引線，利用弓或拋車發射，來燒傷敵人。到了五代十國時，吳越國王曾在開寶九年（976）進呈「射火箭軍士」，[3] 其所射之火箭應已爲配有火藥的火箭。

圖4-2　隋代石刻中的噴火筒

圖片來源：《槍械發展史》，第一章〈火藥的發明〉，插圖。

---

[1]路振，《九國志》，卷二〈鄭璠傳〉。
[2]許洞，《虎鈐經》，收錄於第七百二十七冊《四庫全書》。
[3]脫脫，《宋史》，卷三〈太祖本紀〉。

北宋時期，火藥開始用於兵器。北宋於公元 1023 年在開封設置火藥作坊製造火藥，並於北宋慶曆四年（1044）在刊行的兵書《武經總要》列出三種配方，有：「火球火藥方」、「蒺藜火球火藥方」及「毒藥煙球火藥方」。而三個配方都以硝石、硫黃、木炭（或含碳物料）作基本原料，再摻雜一些易燃和致毒物料，配製成不同性能和用途的火藥。其中爆炸性火藥稱「**火球火藥方**」，硝石、硫磺二者的比例為：47.6%、16.7%，另加乾漆、黃蠟、清油、桐油、松蠟、濃油等易燃藥物，占 35.7%，裡頭不含木炭，此類火藥方因工藝水準的問題，爆炸性能及威力尚且不強，主要仍用於火攻，點燃後火勢特別猛烈，用於攻城陷陣之用；燃燒性火藥稱「**蒺藜火球火藥方**」，硝石、硫磺、木炭的比例為：50.3%、25.15%、6.28%，另加瀝青、乾漆、桐油、蠟等易燃藥物，占 18.27%，戰時布置於敵方騎兵必經之地，用以燒傷敵方馬匹，阻止敵人的騎兵突擊；毒性火藥稱「**毒藥煙球火藥方**」，硝石、硫磺、木炭三者的比例為：38.7%、19.35 %、6.45%，另加進草烏頭、狼毒、芭豆、瀝青、砒霜等毒性和造煙的藥物，占 18.27%，戰爭中其效用為，投向敵陣來施放煙幕，並使敵軍因此而中毒，進而失去戰鬥能力。[1] 以上為北宋的延燒性、縱火性兵器。等到南宋時，火藥的硝石、木炭含量進一步地增加後，發展出爆炸性的火藥，同時又加入了鐵片、鐵質火藥罐及引信，致使火藥的爆炸殺傷威力大大地提升，為明朝興起的火兵器時代建立了基礎。

第一節　迅雷擊發—火銃

火銃是中國古代的筒型火兵器，最早的雛型出現於宋代，為粗毛竹中裝入火藥，稱為「火筒」或「突火槍」，後來改由銅、鐵等金屬材質製作，名稱上因此使用金部的火銃為名。元末明初時與火筒、銃筒等同為射擊是火兵器的泛稱；明初，逐漸演變出兩種款制，一是銃身後可裝入木柄以手持的稱為手銃、另一種為

---

[1] 資料轉引自劉煒主編，《中華文明傳真‧兩宋‧在繁華中沉沒》，頁 70。

需架在架上的大型版本。《明史·兵志》載：

> 明置兵仗、軍器二局，分造火器。號將軍者自大至五。又有奪門將軍大小
> 二樣、神機砲、襄陽砲、盞口砲、碗口砲、旋風砲、流星砲、虎尾砲、石
> 榴砲、龍虎砲、毒火飛砲、連珠佛郎機砲、信砲、神砲、砲裏砲、十眼銅
> 砲、三出連珠砲、百出先鋒砲、鐵捧雷飛砲、火獸布地雷砲、碗口銅鐵銃、
> 手把銅鐵銃、神銃、斬馬銃、一窩鋒神機箭銃、大中小佛郎機銅銃、佛郎
> 機鐵銃、木廂銅銃、筋縧樺皮鐵銃、無敵手銃、鳥嘴銃、七眼銅銃、千里
> 銃、四眼鐵槍、各號雙頭鐵槍、夾把鐵手槍、快槍以及火車、火傘、九龍
> 筒之屬，凡數十種。正德、嘉靖間造最多。又各邊自造，自正統十四年四
> 川始。其他刀牌、弓箭、槍弩、狼筅、蒺藜、甲冑、戰襖，在內有兵仗、
> 軍器、針工、鞍轡諸局，屬內庫，掌於中官，在外有盔甲廠，屬兵部，掌
> 以郎官。京省諸司衛所，又俱有雜造局。軍資器械名目繁夥，不具載，惟
> 火器前代所少，故特詳焉。[1]

明朝洪武年間，銅火銃的製造達到鼎盛，結構更加完備，數量也大大提高。從出土的洪武年間製造的銅火銃來看，大致是前有細長的直體銃管，管口沿外加一道口箍，後接橢圓球狀藥室。藥室後為銃尾，向後開有安柄的銎孔，銎孔外口較粗，內底較細，銎口沿外也加一道口箍；另外在藥室前側加兩道，後加一道加固箍。口徑增大，銃筒加粗且藥室加大，使明代的火銃較元代同類銃裝藥量更大，裝彈量和射程也相應增大，因此威力也更強了。

明成祖朱棣靖難之役並稱帝後，為加強中央政府對軍事武備的控制，將火銃重新改由朝廷統一監製。早在洪武十三年（1380），明朝政府已成立了專門製造兵器的「軍器局」，洪武末年又成立「兵仗局」，[2] 永樂年間的火銃便是由上述兩個局主持製造。永樂朝的火銃製造數量和品種都較洪武朝有更多的增長，並提高起品質，改進其構造，使火銃更利於實戰。從洪武初年開始，終明一代，軍隊普

---

[1] 張廷玉，《明史》，卷九十二〈兵志〉。
[2] 《續文獻通考》，卷一百三十一〈兵器〉。

遍裝備和使用各式火銃，據史書記載，洪武十三年規定，在各地衛所駐軍中，按編制總數的百分之十裝備火銃。《明史‧兵志》曾載：

> 景泰元年，定襄伯郭登請倣古制為偏箱車。轅長丈三尺，闊九尺，高七尺五寸，箱用薄板，置銃。出則左右相連，前後相接，鉤環牽互。車載衣糧、器械竝鹿角二。屯處，十五步外設為藩。每車槍炮、弓弩、刀牌甲士共十人，無事輪番推挽。外以長車二十，載大小將軍銃，每方五輛，轉輸樵採，皆在圍中。又以四輪車一，列五色旗，視敵指揮。廷議此可以守，難於攻戰，命登酌行。蘭州守備李進請造獨輪小車，上施皮屋，前用木板，畫獸面，鑿口，置碗口銃四，槍四，神機箭十四，樹旗一。行為陣，止為營。[1]

明初永樂朝時，更創立了專習槍炮的神機營，成為中國最早專用火器的新兵種。

圖 4-3　明軍以火兵器與後金騎兵作戰

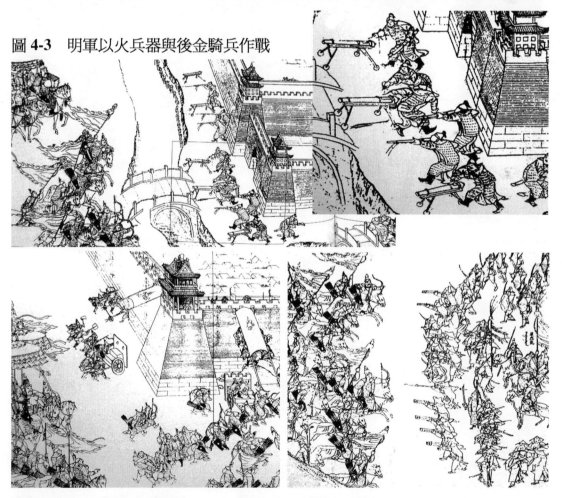

圖片來源：《中華文明傳真‧明：興與衰的契機》，頁 50-51。

---

[1] 張廷玉，《明史》，卷九十二〈兵志〉。

圖 4-4 明代佛朗機復原圖及各式火銃

圖片來源：《中華文明傳真‧明：興與衰的契機》，頁 50。《話說中國：集權與裂變-1368 至 1644 年的中國故事》，頁 60、104-105。

圖 4-5 火銃透視圖

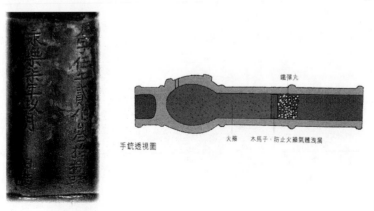

圖片來源：
《中華文明傳真‧明：興與衰的契機》，頁 56。

圖 4-6　明代各式火銃

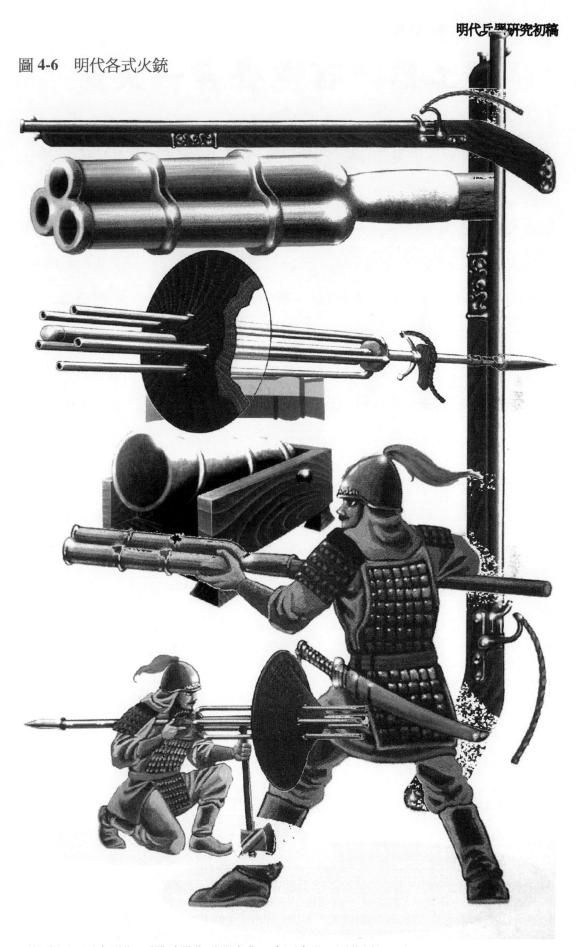

圖片來源：歷史群像，《戰略戰術兵器事典・中國中世・近代編》，頁 12-13。

第二節　百虎齊奔－火箭

　　明代的火箭，[1] 在箭的前端綁上火藥筒，點燃後發射出去。以弓發射的是「弓火箭」，以弩發射的是「弩火箭」。梨花槍，在槍頭位置裝上火藥筒，利用火藥筒噴射出來的火焰灼傷敵人，可以說是突火槍的雛型。[2] 中國早期發明的火箭製作較為簡易，威力相對於現代的弱；此後，經過歷代不斷改良，產生了射程和威力較大的多種火箭。除了把火藥筒安裝在箭上的單飛火箭外，後來更發明集合多火箭威力的集束火箭，增延射程的多級火箭，而且發射後可回收的往復火箭等。這些火箭射程較遠、爆炸威力較大。宋、金時發射單個火箭，需由很多射手同時齊射，才能有效。宋末元初之際，軍隊將多枚火箭放在發射筒內，用一總引火線將各個火箭的引線串聯起來；只要點燃總線，筒內所有火箭便會朝同一方向齊發，這就是集束火箭。由於火力集中，射手的戰鬥力得以大大提昇。

　　西元 1241 年時，蒙古大軍西征，就曾經發射集束火箭，歐洲騎士雖身披鎧甲、手持長矛，但在火箭密集襲擊下，潰不成軍，蒙古軍便乘勝推進。蒙古軍所用火箭的發射筒周圍繪有龍形圖案，故被稱為「中國火龍箭」。宋元之際的集束火箭，在明代以後已成為軍隊普遍的裝備，構成特種火箭營。明代特種火箭營使用的集束火箭，其發射筒有用竹條和紙製成籠，或用薄木板製成匣。筒中可裝入數枚、數十枚以至百枚火箭，一般以二十枚左右較為適合，其射程約一千公尺。每個火箭手可背起五個發射筒，以手動進行發射步驟，可用在中距離衝鋒陷陣，焚燒敵人的糧草和城樓，亦於水戰使用。火箭彈是以火箭為運載工具發射出的爆炸裝置。1161 年，南宋與金的海上會戰裡頭曾經使用，為最早的火箭武器一種。元、明以後又進一步改進，常用的有「神火飛鴉」和「飛空震天雷」等。「神火

---

[1] 關於火箭的記載，於曾公亮、丁度等撰，《武經總要》，卷十二〈守城〉，載：鞭箭，用新青竹，長一丈，徑寸半，為竿，下施鐵索，梢系絲繩六尺。別削勁竹，為鞭箭，長六尺，有鏃。度正中，施一竹桌（亦謂鞭子）。放時，以繩鉤桌，系箭於竿，一人搖竿為勢，一人持箭末激而發之。利在射高，中人如短兵。放火藥箭，則如樺皮羽，以火藥五兩貫鏃後，燔而發之。
[2] 劉方，《古代兵器》，頁 111。

飛鴉」是明朝的一種改良火箭彈。製作方法是用竹條和紙製成彈體，前後各裝鳥頭和鳥尾，兩側裝上紙紮翅膀，以增加它在空中飛行的穩定性，整體形狀像一隻飛行的烏鴉。其腹部內裝滿炸藥，腹部下綁以四支火箭，其火箭筒以引火線與炸藥相聯。點燃火箭後，鴉體升空，向敵方飛去。火箭發射藥用盡，便會自動點燃炸藥，可炸敵營或敵船，水陸兩用。「飛空震天雷」是一種火藥彈，在元、明以後才出現。彈體呈球狀，以竹條編成，外糊以紙，兩旁裝上翅膀。

「火龍出水」的製作其製作方法是在 1.65 公尺長的粗竹筒內裝入數枚火箭，筒的前後各以龍頭和龍尾裝飾，龍體下部前後兩端各裝有二枚火箭，這兩枚火箭的火線與龍體內火箭的引火線相聯，最後再由一總引火線將龍體下部的四枚火箭引線串在一起。龍體下部裝的是一級火箭，而龍腹內的就是二級火箭。火龍出水」的威力「火龍出水」放在戰船上，遇到敵船時，可點燃龍體下端的四枚一級火箭，產生的推動力會將整個龍體推進到一定距離。當一級火箭的發射藥燃盡時，便會自動點燃龍腹內的二級火箭，二級火箭從龍口噴向敵船，縱火以攻擊敵人。

圖 4-7　明代火箭構造及架設火箭之虎頭木牌

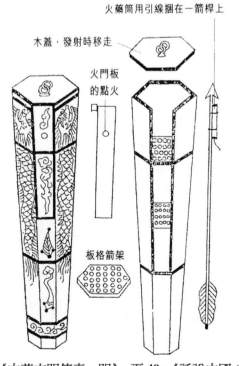

圖片來源：《中華文明傳真·明》，頁 49。《話說中國：集權與裂變-1368 至 1644 年》，頁 127。

圖 4-8　各式「神火飛鴉」、「火龍出水」

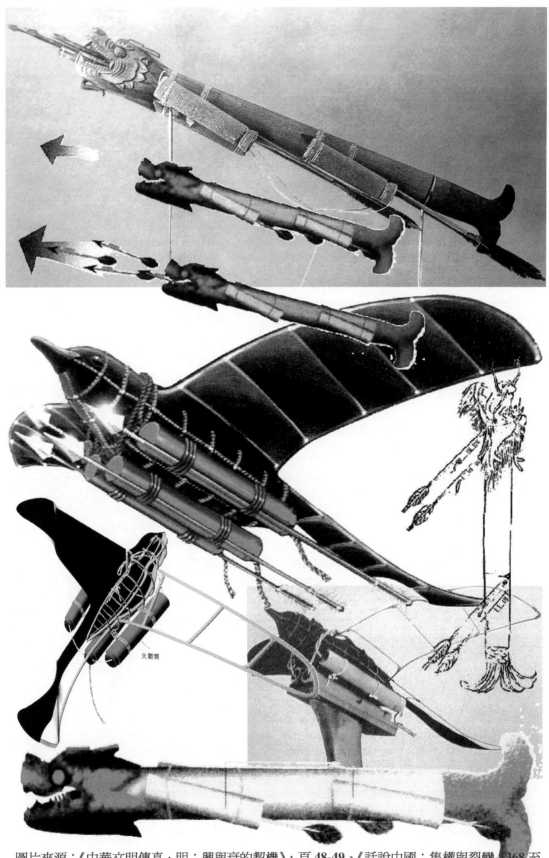

火箭筒

圖片來源：《中華文明傳真‧明：興與衰的契機》，頁 48-49、《話說中國：集權與裂變-1368 至
1644 年的中國故事》，頁 39-158、《戰略戰術兵器事典‧中國中世‧近代編》，頁 15。

圖 4-9　明代壬辰朝鮮戰爭中日朝所使用的火兵器

圖片來源：維基百科。2005 年 3 月 27 日,「第 6 回紀州鉄砲まつり"において撮影」。

圖 4-10　神機箭

圖片來源：韓國戲劇「神機箭」所製之道具,韓國中央科學館藏。

1593 明軍與日軍大戰於碧蹄館,日軍第六軍團主力宇喜多秀家轉攻幸州、集合小早川秀包、小早川隆景、黑田長政、小西行長、石田三成、吉川廣家約三萬兵力,權慄率二千七百餘兵把守幸州。宇喜多秀家火槍隊、龜甲車猛烈攻略幸州。戰爭中朝鮮婦女們把長裙幅裏裝滿石頭與敵人鬥爭,「幸州裙子」由此而來。該戰役,權慄首次使用海陸雙用的「神機箭」對付日軍。

第三節　神威無敵－火炮

明朝火炮的發展，無論是款制及數量皆相當可觀。例如有：後膛榴彈炮（佛朗機炮），屬正德年間利用歐洲技術所製造的大型後裝火炮，使用帶炮彈殼的開花炮彈，帶有準星和照門，有效射程 500 公尺，45 度仰角發射時，射程可達 1 公里。不過，因爲後膛裝彈對鑄造技術要求較高，至清代漸漸淘汰，讓較爲簡單的前裝武器所取代。遠程重炮（紅夷大炮），號稱明代大將軍炮，亦爲明末引進西方技術製造，帶有炮耳和瞄準具，可以調節射程，炮身壽命長，大型者重 1.6 噸，射程可以達到 1.9 公里，鑄造必須增加鐵箍來防止膛炸。袁崇煥即使用這種火炮打敗後金，取得了甯遠之戰的勝利，努爾哈齊也被擊傷，返回後因傷勢加重而逝世。迫擊炮（虎蹲炮），戚繼光軍中最常用的火器，這種輕便的火炮管薄，射程不遠，適用於山地作戰，機動靈活，由於前裝，可以大仰角發射和大量裝備下層部隊而與今天的迫擊炮有異曲同工之效果。

明代火炮繼承前代火兵器技術而不斷發展，明代火炮的水準已比前代大爲提升，應用亦十分普遍。明初已出現火銃或火炮的金屬管形射擊火器。[1] 明朝人對於「銃」和「炮」二字是不分而運用（如：《火攻挈要》、《明會典》亦以銃稱炮；本章節則針對其形制和威力，來區分「銃」和「炮」）。「銃」指的是小口徑、手持使用的輕型管型射擊火器；「炮」則是指大口徑、重型者。由於佛郎機炮及紅夷炮皆屬後者，爲求統一，本處一概用「炮」字，通常「銃」字於明代是被用作管型射擊火器的統稱。[2] 火炮的出現，代表著火炮由宋元的竹製管形火器過渡到管形金屬槍炮，它們更被視爲近代槍炮的前身。明初軍隊已裝備了銅鐵火炮、手銃等火兵器，使用的士兵比例亦增加，按洪武十三年（1380）定「凡軍一百戶，

---

[1] 邱濬，《大學衍義補（下）》，卷一百二十二〈嚴武備·器械之利下〉（北京：京華出版社，1999），頁 1058。載：「近世以火藥實銅鐵器中，亦謂之炮，又謂之銃。…今炮之制，用銅或鐵爲具如筒狀，中實以藥，而以石子塞其口，旁通一線，用火發之。」邱濬（1420-1495）爲明永樂、弘治年間人，其載可證明初火炮的用料。

[2] 參考鍾少異，〈銃、炮、槍等火器名稱的由來和演變〉，收入鍾少異主編，《中國古代火藥火器史研究》（北京：中國社會科學出版社，1995），頁 162。

銃十，刀牌二十，弓箭三十，槍四十。」[1] 可見明朝衛所，約有總數百分之十的駐軍配備火兵器。[2] 此外，明代中央設置「軍器」、「兵仗」二局，承造數量龐大的火兵器。[3] 然而，明代中葉過後，中國製成的火炮水準每況愈下。明廷自永樂朝起，基本上嚴禁火兵器外造，造遂集中於京師官匠手中，「神槍、神礮，在外不許擅造。遇邊官奏討，工部奏行內府兵仗局鑄給。」[4] 因此，火炮的製造過於依賴京師，但京匠的技術卻因世襲的匠役制度而日漸下降。朝廷曾召取粵匠入京仿製西炮，希望藉此提昇京城官匠的製作水準。但對於外造火炮，朝廷則仍有保留。正統六年（1441），「邊將黃真、楊洪立神銃局於宣府獨石。帝以火器外造，恐傳習漏泄，敕止之。」[5]

正統十四年（1449）起，明政府才放寬禁制，授權各地製造火兵器。[6]《練兵實紀雜集‧原火器》云：「今之佛郎機，鑄造失法，甚有母銃口大，子銃口小，欲將鉛子如母銃之口，則小銃之力不能發，蓋機銃子母為二，子銃口邊，有陳瀉火氣，火氣常弱也。如照子銃製子，則子小母銃腹大，藥氣先出，子必滾落，即發去亦不遠不中。又子銃之口與母銃不合，藥發則火氣激回子後，不復其送子向前。」[7] 晚明傳教士湯若望（1592-1666）則在《火攻挈要》中批評明軍傳統的前裝火炮製造不善的問題：「此皆身短，受藥不多，放彈不遠，且無炤準，而難中的。銃塘外寬內窄，不圓不淨，兼以彈不合口，發彈不迅不直，且無猛力。頭重無耳，則轉動不活，尾薄體輕，裝藥太緊，即顛倒炸裂。似此粗惡疎瑕，反足取害，安能以求勝哉？」[8] 由於地區依賴中央火器的提供，中央製造失去法度，因而直接影響地方的防衛。

佛郎機炮的傳入中國之過程，一直是中外學者研究的重點。刑部尚書顧應祥

---

[1] 《明太祖實錄》，卷一百二十九。
[2] 范中義等，《中國軍事通史‧明代軍事史（上）》（北京：軍事科學出版社，1998），頁 223。
[3] 張廷玉，《明史》，卷九十二〈兵志〉。
[4] 申時行等重修，《明會典》，卷一百九十三（上海：商務印書館，1936），頁 3899。
[5] 張廷玉，《明史》，卷九十二〈兵志〉。
[6] 申時行等重修，《明會典》，卷一百九十三，頁 3902，〈四川為各邊自造之始〉。
[7] 戚繼光，《練兵實紀》（上海：商務印書館，1936），頁 175。
[8] 湯若望，焦勗述，《火攻挈要》，〈卷上〉（上海：商務印書館，1936），頁 3。

（1483-1565）云：「佛郎機，國名也，非銃名也。正德丁丑（即正德十二年，1517），予任廣東僉事，署海道事。驀有大海船二隻，直至廣城懷遠驛，稱係佛郎機國進貢⋯其銃以鐵爲之，長五、六尺，巨腹長頸，腹有長孔，以小銃五個輪流貯藥，安入腹中放之，銃外又以木包鐵箍，以防決裂⋯時因征海寇，通事獻銃一個，并火藥方。此器曾於教場試之，止可百步。」[1] 佛郎機（Frankish, Ferangi, Feringi）是法蘭克（Frank）一詞的譯音，即是中國人對葡萄牙、西班牙人的稱呼，或是對歐洲人的泛稱。《明史》載：「佛郎機者，國名也。正德末，其國舶至廣東，白沙巡檢何儒得其制，以銅爲之，長五六尺，大者重千餘斤，小者百五十斤，巨腹長頸，腹有修孔。以子銃五枚，貯藥置腹中，發及百餘丈，最利水戰。駕以蜈蚣船，所擊者糜碎。」[2] 《續文獻通考》載：「正德末，廣東巡檢何儒招降佛郎機番人，因得其船銃等法，以功擢用。中國之有佛郎機諸火器，蓋自儒始也。」[3] 佛郎機炮流入中國應比官方正式引入爲早，大抵正德年間（1506-1521），佛郎機炮已見於中國。萬曆朝後，由於邊患日亟，更有朝鮮對日之戰，火兵器之改良爲必要性，朝廷才遣官員至澳門購募紅夷大炮，開西洋武備大規模輸入中國之始。

明代紅夷大炮的傳入，相較於佛郎機炮，紅夷大炮「長二丈餘，重者至三千斤，能洞裂石城，震數十里」，[4] 威力更爲強大。其傳入途徑主要是與荷蘭人作戰、西方傳教士接觸、以及從澳門葡人購置。紅夷大炮是明末對歐洲所用長管加農炮（Cannon）的通稱，爲十六、十七世紀時，裝設於歐洲海上霸權所使用的加列翁型船上。最初由荷蘭人傳入，當時中國人稱荷蘭人爲紅夷或紅毛番，故冠以紅夷大炮。後清朝諱「夷」改爲「紅衣炮」。萬曆三十二年（1604），明軍與荷艦隊相遇激戰，領略到火炮的威力，並且在交戰過程中，繳獲紅夷炮。此後，寧遠之捷，各邊鎮具悉紅夷大炮之威力，紛紛向中央奏請購炮；因此，明廷再次向澳門葡人購募火炮。崇禎二年（1629），徐光啓上疏曰：

[1] 轉引自劉旭，《中國古代火炮史》，頁 224。
[2] 《明史》，卷九十二〈兵志〉。
[3] 清高宗敕撰，《續文獻通考》，卷一百三十四〈兵十四〉。
[4] 《明史》，卷九十二〈兵志〉。

皇上所深憂者，在兵弱、財匱、民窮、治窳四事而已。臣之愚計，以為方今急務，先在強兵，兵強則戰必勝，守固而費可省，費省則民足，然後飭紀綱，修政教，萬年長治之策，可次第舉行矣。…乞先與臣精兵五千或三千，一切用人選士，車甲兵仗，大小火器等事，悉依臣言，如臣製備，再加訓練，捍疆急切之處，惟皇上所使。…此為用寡節費，萬全必效之計。帝嘉納之。[1]

崇禎二年（1629），正值女真軍入侵，皇太極率師南下，陷大安口，進圍北京。陸若漢以大炮守涿，歷時十五天，清兵聞炮坐鎮而不敢進攻，繼而撤退。[2] 翌年正月，陸若漢等留四門紅夷炮守涿後，將其餘六門移送京師。入京後，由於徐光啟上疏請留葡藉炮手，他們更獲准留京製造教演大炮，並由徐光啟負責監督事宜。其所引入之西炮，則被設於京城要衝之所，精選將士以習其點放之法，並賜名「神威大將軍」。[3] 另明軍亦常使用虎蹲炮，《中國歷代戰爭史》指出：「明軍所用火器，種類甚多，根據李氏朝鮮官方記載，有大將軍佛郎機、霹靂、虎蹲子母等炮」。[4] 可知虎蹲炮亦在明軍武器之列，其火炮陣容可說是威力無比。

圖 4-11
明代佛郎機火炮

蓬萊漁民打撈出鐵制兵器，經鑒定為明代火炮：2009 年 6 月 5 日上午，蓬萊市小皂村一漁民來到蓬萊文物局，將自己在城北海域打撈上來的一件鐵制兵器交給了這裏的文物專家。經鑒定鐵器為明代佛郎機火炮，該火器的發現為研究明代山東海防及海洋軍事力量裝備配置提供了重要依據。圖為工作人員展示明代佛郎機火炮。考古發現網

---

[1] 汪楫，《崇禎長編》。
[2] 《崇禎實錄》，卷三，〈崇禎三年正月〉條。
[3] 汪楫，《崇禎長編》。
[4] 中國歷代戰爭史編纂委員會，《中國歷代戰爭史（第十四冊）》（北京：軍事譯文出版社，1972），頁 407。

圖 4-12　昌平驚現明代防守兵器－石雷

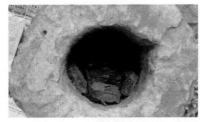

近期，昌平戶外驢友老山羊在登長峪城時在長城腳下發現兩枚石雷，其中一枚保存完整，內有鐵塊，火藥等填充物，另一枚殘破，似爆炸後形成。石雷多爲古代關隘防守兵器，明代居多。此發現具有一定的歷史文化意義。保存完整的石雷，呈圓柱形，高 24 公分，直徑 18 公分，正中有一圓孔，直徑 8 公分，深約 13.5 公分，引信孔居中。兩枚石雷均爲花崗岩石質，外側作縱向溝槽式，有利於爆炸成多塊，形成殺傷力，製作工藝粗糙。據《中國長城百科全書》記載，2000 年 4 月延慶八達嶺石峽村有發現。但此書未記載昌平發現過石雷。老山羊的發現塡補昌平文物收集的一個空白。搜狐‧北京人文網

圖 4-13　明代各式火炮及彈道規（右上）

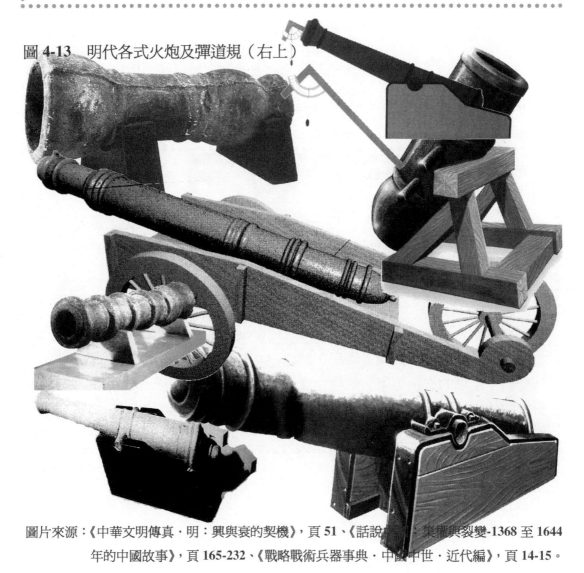

圖片來源：《中華文明傳真‧明：興與衰的契機》，頁 51、《話說□□‧集權與裂變-1368 至 1644 年的中國故事》，頁 165-232、《戰略戰術兵器事典‧中國中世‧近代編》，頁 14-15。

圖 4-14　明代萬人敵及火藥陶彈

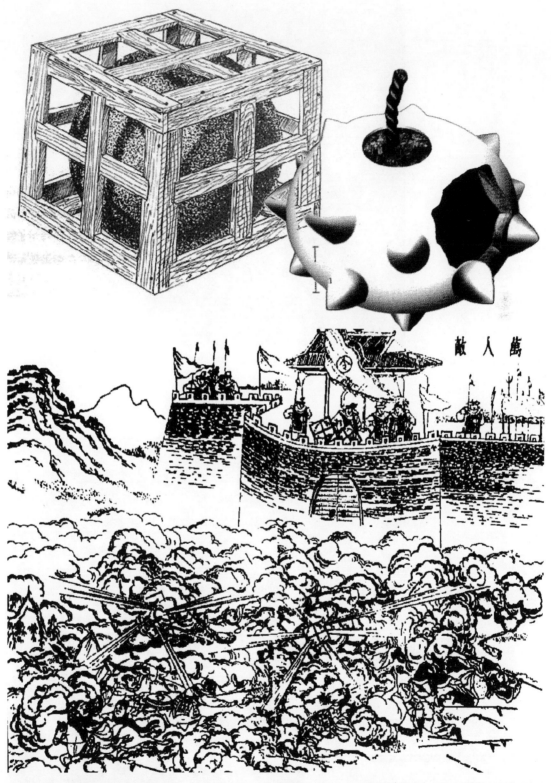

圖片來源：《戰略戰術兵器事典・中國中世・近代編》，頁 15。殺傷燃燒彈（萬人敵），明代大型
爆炸燃燒武器，重 40 公斤，外皮為泥製，生產於明末，用於守城，為了安全搬運一
般帶有木框箱，可以算是早期的燒夷彈。李自成攻開封的時候，曾經通過地道突入曹
門心字樓下方，守軍即採用投擲萬人敵的辦法消滅了突入的部隊。

圖 4-15　朝鮮軍以火炮攻擊入侵日軍

圖片來源：Tumbull，"Siege Weapons of the Far East(2) AD960-1644."插圖。

圖 4-16　與明代同時的日本火兵器

圖片來源：Tumbull，"Siege Weapons of the Far East(2) AD960-1644."插圖。

第五章 明代兵器管理之研究

中國古代兵器的發展，可分作冷兵器及火兵器兩大類。而「冷兵器」可分為長兵、短兵、射遠器、衛體武器、戰車、攻守城器械等類別；「火兵器」則是透過火藥成為殺傷力強大的利器，可分為銃、鎗、火箭、炮及彈藥等。歷史上的兵器發展，中國宋代之前屬於冷兵器時代，北宋以後則是冷兵器和火兵器並存在戰場上。明初，由於火器得到空前的發展，導致戰爭形態的轉變，冷兵器在戰場上淪為短兵相接之用，同時冷兵器拿來練武健身的功能日益重要；因此刀術成為明代蓬勃發展的武技，門派紛雜，刀種繁多。明代受日本朝貢刀具與海寇入侵影響，名將大臣多致力於單兵武器的改良，且當代製鋼技術進步，社會承平時期較長，於是輕巧流暢、鋒利堅固的刀刃與精緻華麗的刀裝，成為明代兵器的特色。如此，亦影響到清代冷兵器，在形制與種類變化不多，只有在裝飾工藝更趨於多元化。

第一節 兵器的製造與管理機構

中國古代兵器萌芽於原始部落的晚期，當時人們僅是以石塊、竹木、骨角為兵器原料，經過一些基本的步驟，例如：砍削、打磨、烘烤，就可以製成簡易的弓、箭、刀、矛、棍等。進入歷史時代以後，各國政權為適應對外進行戰爭和對內維護統治權力的需要，兵器製造總是統治階級高度重視的官營手工業部門。隨著社會生產力的提高和戰爭的發展，兵器製造技術不斷提高，生產規模日益擴大，管理體制逐步完備。它大致經歷青銅兵器、鋼鐵兵器和火兵器三個發展階段。中國兵器的製造與管理，在漢代即有一定的基礎。漢代主要管理與儲存兵器的地方為武庫，武庫也具有生產兵器的功能，這在先秦時代已經有此種情形，漢代則延續此制度。在《後漢書·百官志》中有記載：「武庫令一人，六百石。本注曰：

主兵器。丞一人。」[1] 漢朝武器的製作機構有的設在中央，有的設置在地方，所製作出來的兵器皆儲藏在武庫之中，漢代對於兵器的管理生產，是採取一種直接控管的方式，對於兵器生產的規格、品質、數量都有統一的限制。武庫是漢代武器裝備最主要的儲存部門，從西漢開始，中央到地方建立了層層武庫網絡，漢武帝以後全國武庫大增，邊防軍及大將軍幕府都有設置武庫。漢代中央的武庫規模相當的大，位於長安長樂、未央兩宮之間的長安武庫，四周有高大的圍牆，考古證明東西長 710 公尺，南北寬 332 公尺，牆厚 1.5 公尺，總占地 23 萬平方公尺。在武庫裡頭發現了七處庫房遺址，各庫所儲存的兵器種類不一，有的放弓、矢，有的置放鎧甲。[2] 漢代「武庫令」的挑選是十分審慎注意的。《史記‧魏其武安侯列傳》載：嘗請考工地益宅，上怒曰：「君何不遂取武庫！」[3] 由於武庫是國家兵器的儲存地，關係到國家安全，因此漢天子對於武庫安全可靠性有高度的關切，因此當觸及此禁忌，就會顯得格外的嚴重性。

魏晉南北朝時期，各種手工業的製造和管理機構，大致承襲秦漢舊制，僅在各朝略有不同的名稱。由於戰爭與屯田的需求，官府首推冶鐵業，在生產規模，冶煉設備，鍛造的工藝技術，都比漢代有了更大的發展。此時的工匠改進了水排，利用水力來鼓風，大大提高了冶煉的強度，其中百煉鋼技術的持續推廣，以及灌鋼法（淬火成鋼，亦即雜煉成鋼）的發明，對於兵器生產力的發展，起了重要的進步功用與效能。南朝陳禎明二年（588）五月，一日「東冶鐵鑄，有物赤色，大如斗，自天墜鎔所，隆隆有聲，鐵飛破屋而四散，燒人家。時後主與隋雖結和好，遣兵度江，掩襲城鎮，將士勞敝，府藏空竭。東冶者，陳人鑄兵之所，鐵飛爲變者，金不從革之應，天戒若曰，陳國小而兵弱，當以和好爲固，無鑄兵而黷武，以害百姓。」[4] 負責鑄造陳朝兵器的東冶作坊，取得天外飛來的隕鐵，五行志中認爲是上天要陳國對內須加強國防，對外則與隋朝友好，但陳後主陳叔寶卻

---

[1] 《後漢書》，志二十七〈百官志〉。
[2] 《新中國的考古發現和研究》，頁 395-396。
[3] 《史記》，卷一百七〈魏其武安侯列傳〉。
[4] 魏徵，《隋書》，卷二十二〈五行志‧金不從革〉。

窮兵黷武，終招致滅亡的禍害；雖然五行之說多爲穿鑿附會，但此段文字也意謂著一個國家對於兵器製造與管理的重要性。隋代時，隋文帝對於其中存放「甲仗天下之本」的武庫相當重視，《隋書》載文帝「詣武庫，見署中蕪穢不治，於是執武庫令，及諸受遺者，出開遠門外，親自臨決，死者數十人」。[1] 由於武庫雜亂無章，文帝發現後，立即捉拿武庫令，並處以極刑。

　　宋代延續隋唐武功盛世，當時的兵器生產質量與管理如何？學術界有不同的看法，但多數認爲宋代兵器生產的質量優良的。以以北宋爲例說：「北宋時生產的弓、弩、箭等以千萬件計，且形制規範，製作精良。」[2] 另外有云宋代：「冷兵器得到前所未有的發展」，即便存在質量問題，也不過是「間有劣質產品出現」而已。[3] 但是，如此的看法已經是不符合宋代冷兵器發展的實際狀況。因爲中國傳統冷兵器發展到宋代，已經歷經數千年的歷史，所積累的製作技術和經驗已接近冷兵器發展的最高水準，至多在原有的基礎上作些改良。雖然在宋代文官體系官僚政治下，兵器作坊內部存在著種種問題和矛盾，僅使得冷兵器的改良有限，而宋代鑑於當時外敵環伺，且地理上缺乏天險可守，故致力於武備發展，《武經總要》除提供宋代軍事科技情況，同時亦可看出宋代製造武器已建立一套標準準則，生產可供百萬人部隊所使用的裝備。橫掃歐亞的蒙古帝國，雖說所向無敵，但征服歷史上堪稱軍事史上最爲積弱的南宋，竟用了四十五年時間。單就襄陽戰役，宋軍即防守了近六年，可見在軍事武備發展上，宋代並非只處於劣勢。

　　明代時，政府是由工部和內府來負責軍隊、皇室御用兵器的製造和監督，並且在底下設置負責兵器生產的「軍器局」、「兵仗局」、「火藥局」等管理部門；在官營製造局下面設有從事實際生產兵器的兵工廠，裡頭有數千計的工匠藝人從事著兵器的製造勞動。火兵器由於是一種重要的兵器；因此，對製造方法和工藝是保密的，起初只是由國家政府直屬的中央工廠來生產，對生產出來的兵器新產品

---

[1] 魏徵，《隋書》，卷二〈高祖本紀〉。
[2] 《中國古代軍制史》（北京：軍事科學出版社，1992）。
[3] 曹松林，〈宋代軍器生產質量試析〉，《湖北師院學報》，第二期（1990），頁2。

嚴加管理，不許對外泄露。所以，民間的兵器製造充其量也只是一些試製，到了明末，當歐洲新型火器生產技術剛一傳入中國，當時管轄海關的廣東和福建大臣們，很快掌握了這種火器的製造方法，並開始大量生產。火兵器種類中，明朝政府最重視火銃的研究和生產，在品種、數量、性能、製造技術達到中國古代火兵器生產的鼎盛階段，這主要是火藥性能的提高和製造技述的進步。朱元璋在元末戰爭中視眼看到火銃巨大的威力，所以建國開始，便大力發展火銃生產，洪武年間製造的編爲「勝字號」的長統已達四〇一號。明成祖永樂年間，十年內僅「天字號」手銃就生產三萬一千三百二十七管，兵工廠平均年生產量爲三千一百管。另外還有以「英」、「奇」、「勝」等字作編序的手銃，可見其產量十分可觀。明成祖時，火兵器的軍工生產規模龐大、品種繁多，故政府設立了專司火器管理和製造的神機營，專門裝備槍炮的火器部隊。

十六世紀五〇年代左右，明朝當時的皇帝爲世宗，正爲蒙古及倭寇入侵所困擾。此時出現嚴重的軍事，即是武備管理及製造問題。明軍僅管有冷及火兵器等武備，但由於管理者怕兵器外流，故火兵器都是作戰時才發下，平時訓練不使用；因此，英宗時，于謙曾建議，讓士兵平日就接觸火器，以免戰時空有優良兵器而不知兵。然而明軍面對更大的問題是，武器庫平時由宦官管理，世宗北方俺答入侵時，軍人出戰要分發武器前，還要花錢賄賂宦官開庫門！西元十五世紀末，發生壬辰朝鮮戰爭，明朝爲支應二十二萬龐大的部隊，以及八年的作戰後援，國庫花費近二千萬兩白銀，整個國家庫存之武器差不多消耗殆盡。等到後金努爾哈齊以七大恨七兵時，只能固守北方的寧遠城。至於政治層面上，嚴嵩雖爲奸臣，但事後也認爲武庫的管理權應轉交文官；不過，怎知文官一樣索賄，發出的武器就要完整回庫。外出努力作戰的將士，無論如何只有受懲罰的份，戰力大受打擊；反觀，八旗騎兵無需火兵器即可出戰，由於明步、炮兵無力出戰，明騎兵面對強大的八旗騎兵，竟殺馬充作步兵。回顧明與後金的戰史可發現，一旦政治、經濟、社會等多方面出了問題時，無有效的武備管理，再優秀的兵器也沒有助益。

第二節　兵器工業與技術

　　今日若要探討明代兵器的工業及技術，那麼就必須先對世界和中國的冶鐵歷史，進行時序的回顧，才能在歷史的長河中，宏觀冶鍊的發展。世界的冶鐵史，一般認爲始於幼發拉底河和底格理斯河這兩條大河，西北方小亞細亞半島的南部丘陵與沙漠中，一支名叫「西臺」（Hittie）的游牧民族。自西元前十二世紀起，在地中海東岸的鐵器製作相當進步，因此這地方出土的鐵器很多，由青銅劍身裝鐵柄演變爲鐵劍銅柄。而中國迄今發現最早的鐵製兵器，是河南省三門峽市上村嶺西周晚期虢國墓地中出土的一件玉柄鐵劍。在湖南省長沙市出土的春秋晚期鐵劍，經鑑定是含碳 0.5%的中碳鋼，金相組織均勻，它是由塊煉滲碳鋼製成，由於使用鋼鐵材料製作兵器，使其種類、形制產生了變化，如劍形體變得窄長。[1] 在中國眾多出土的戰國時期的兵器，以鐵兵器具有代表性，在河北省易縣武陽台村戰國後期燕下都遺址 44 號墓出土的 79 件鐵兵器中，有：矛、戟、刀、劍、匕首、冑等鐵製兵器，其中經過檢驗的有五件，發現它們皆爲塊煉滲碳鋼製成，其堅韌程度，遠遠超過青銅兵器，這些兵器似乎爲墓中士兵生前在戰場上使用的兵器，因而成爲從葬品，代表著鐵兵器在中國西元前三世紀中葉，也就是戰國後期，已經普遍爲軍隊所使用。[2]

　　兩漢四百多年是我國古代日益鞏固與發展時期。西漢初年，由於長期戰爭的破壞，經濟凋敝，加上匈奴單于野心勃勃，威脅著漢王朝，使得漢朝面臨內外的危機。所以西漢初期，漢天子採取了「休養生息」的政策，經過了七十餘年，農業生產與社會經濟得以繁榮起來。到了漢武帝時，由於漢朝國力強大，因此開始對匈奴反擊，並且將鹽鐵業收爲國營，在全國設立均輸鐵官四十九處，遍佈黃河流域和巴蜀地區。不產鐵的地方則「置小鐵官，使置所在縣。」此後，冶鐵業得

---

[1] 寒冰，〈古代金屬兵器制作技術（下）〉，《兵器與金屬》，第 6 期（1994），頁 19。
[2] 北京鋼鐵學院壓力加工專業，〈易縣燕下都 44 號墓葬鐵器金相考察初步報告〉，《考古》，第 4 期（1975），頁 243。

到飛速發展，每年投入的人力超過十萬人以上。[1] 鐵兵器的鑄造也因此得以發展。

漢代，兵器除弩機和矢鏃外，由鐵製逐漸取代青銅材質所出土的兵器有：刀、劍、矛、戟、鎧甲等。其中河北省滿城縣西漢劉勝墓出土的鐵兵器最具代表性，其中對部分兵器予以研究，在材質上與戰國時期沒有區別，皆是以鐵製為主，仍是塊煉滲碳鋼，但是其中所夾帶的雜質變少，高、低碳之間碳含量差距甚小，表示此時兵器製作時，反覆加熱鍛打，提高了鐵製的質量。漢代刀劍的刃部，均進行了局部淬火，得到高度的堅硬，而在刀劍脊部依然保持韌性，使之剛柔並濟，適應當時騎兵作戰的需求。而為了抵抗鐵兵器強大的攻擊性，漢代的防護兵器，也隨之改進，在內蒙古自治區二十家子出土的西漢鐵鎧甲，甲片表面為鐵素體，中心部分含碳 0.1％至 0.5％。鍛成甲片經退火，表面脫碳，以提高延展性。[2]

西漢冶鐵以戰國時期鑄鐵脫碳技術為基礎，又發明了一種新的製鐵工藝。鑄鐵脫碳鋼技術是將生鐵加熱到一定的溫度，在固體狀態下進行比較充分的氧化脫碳，並且可以通過脫碳量的多少，得到高碳鋼、中碳鋼或低碳鋼的一種煉鋼技術，是一種脫碳技術的高度發展。其法是先用生鐵製成各種板材和條材，爾後再脫碳退火成質量較好的優質鋼材，作為鍛造用的坯料，成為製造兵器的好原料。河南陽城、古滎鎮、鞏縣生鐵溝、南陽等鑄鐵遺址，都相繼發現了這種板材。西漢滿城漢墓和北京大葆台漢墓出土的鐵鏃和環首刀，就是用這種鋼材製成的。[3] 西漢中期，漢代工匠又發了一種新冶煉製鐵技術，即為炒鋼。炒鋼是先將礦石冶煉成生鐵，再向溶化的生鐵在水中鼓風，同時間進行攪拌，促進生鐵在水中碳氧化的化學作用。用這種方式可以先將生鐵煉成熟鐵，再經過滲碳，鍛打成兵器。另一種方法是有效控制把生鐵中的含碳量炒到需要的程度，再反覆鍛打。這種炒鋼的技術始於西漢，在東漢得到全面性發展，並且廣泛使用在兵器製作上。徐州出土的東漢建初二年（77）五十煉鐵劍，劍把正面有隸書錯金銘文「建初二年蜀郡西

---

[1] 曾憲波，〈漢畫中的兵器初探〉，《中原文物》，第 3 期（1995），頁 17。
[2] 寒冰，〈古代金屬兵器制作技術（下）〉，《兵器與金屬》，第 6 期（1994），頁 19。
[3] 王兆春，《中國軍事技術史・軍事技術卷》，頁 63。

工官王愔造五十煉□□□孫劍□」等二十一字，[1] 另外還有在山東省蒼山縣出土的東漢永初六年（112）三十煉環首刀，刀身正面有隸書錯金銘文「永初六年五月丙午造卅湅大刀吉羊宜子孫」等十八字，[2] 這兩把漢帶鐵製刀劍，經過科學檢驗，都是以含碳較高的炒鋼爲原料，反覆多次鍛打而成的。

東漢末年到三國時代，此時的炒鋼方法提升到百煉鋼技術運用。百煉鋼技術是用炒鋼反覆加熱疊打形變，細化晶粒和夾雜物而成的。有時也可用含碳量不同的鋼材複合組成，通常是用反覆折疊鍛打最後的層數表示煉數，煉數愈高，表示其加工鍛打次數愈多，晶粒和夾雜物細化的程度越高，鍛打出來的成品就更加精良。「百煉」一詞最早出現在東漢末年，曹操於建安年間曾下令「作百辟刀五枚，適成，先以一與五官將，其餘四，吾諸子中有不好武而文學，將以次與之。」[3] 又在《內誡令》中稱，用「百煉利器以辟不祥，攝服奸宄者也。」[4] 其子曹丕也在建安建安二十四年造「百辟寶劍」，長四尺二寸。[5] 漢代百煉刀的實物形制，過去在日本曾發現過一把東漢鐵刀，約是東漢靈帝中平年間（184至189），刀身正面有錯金銘文「百練清剛」[6] 的字句。由於東漢末年到三國時代採取百煉鋼造刀，提高了漢代兵器的質量，加速了往後短兵器的進程。

根據《太平御覽》的記載，三國時蜀國造刀專家蒲元曾經幫諸葛亮造刀三千口，刀能夠劈開裝滿鐵球的竹筒，因此被譽爲「神刀」，蒲元的冶煉製刀技術，其訣竅是能夠分辨不同水質對淬火質量的影響，把鐵刀鍛煉到適合的硬度。[7] 蒲元使用蜀江水鑄刀的情形，代表著漢代對於不同冷卻速度的淬火和成品性能之間

---

[1] 徐州博物館，〈徐州發現東漢建初二年五十湅鋼劍〉，《文物》，第 7 期（1979），頁 51-52。
[2] 楊泓，《中國古兵器論叢》，頁 132。
[3] 李昉等編，《太平御覽》，卷三百四十五〈兵部七十六〉。
[4] 同上註，引魏武帝《內誡令》。
[5] 《太平御覽》，卷三百四十三〈兵部七十四〉。
[6] 《中國古兵器論叢》，頁 132。
[7] 《太平御覽》，卷三百四十五〈兵部七十六‧刀上〉引《蒲元傳》：蒲元在「斜古爲諸葛亮鑄刀三千口，鎔金造器，特異常法。刀成，自言漢鈍弱，不任淬用，蜀江爽烈，是謂大金之元精，天分其野。乃命人於成都取之。有一人前至，君以淬刀，言雜涪水，不可用。取水者猶悍言不雜，君以刀畫水云，雜八升，何故言不？取水者方叩頭首伏云，實於涪津渡負倒覆水，懼怖，遂以涪水八升益之。於是咸共驚服，稱爲神妙。刀成，以竹筒密內鐵珠滿其中，舉刀斷之，應手靈落，若薙生当。故稱絕當世，因曰神刀。」

的關係已經有一定的水準。而漢代的冶煉技術提升，也造就了一些以冶鐵爲業的富商，例如在漢武帝時所啓用的大農丞孔僅，就是以冶鐵業，因此而發跡在南陽的富商。《漢書・食貨志》提到：「孔僅爲大農丞，領鹽鐵事，而桑弘羊貴幸。咸陽，齊之大司鹽。孔僅，南陽大冶，皆致產累千金。」[1] 漢朝的冶鐵技術相當發達，所以也反映在當時的墓畫上。在漢代山東是重要的冶鐵基地，山東滕縣宏道院、黃家岭出土的漢畫像中有冶鐵鍛造跟鑄造兵器的內容。宏道院的漢畫像上有多管輸風橐鼓風，還有冶鐵作坊製造過程。黃家岭爲兵器作坊漢畫像，呈現出漢代兵器製作的原始資料，畫中刻繪三個鐵官徒的形象，右邊刻兩個人，一人似乎在用爐火加熱鐵塊，一人趁熱打鐵，左側一人則在仔細檢查兵器有無鋒利，而且還有其他兵器掛滿牆壁。漢代發達的冶鐵科技，大量提供了漢王朝對外發動戰爭所需要的鐵兵器，使得漢代能夠北伐匈奴、南征夷越、在西域設立都護，這些行動讓漢代邊疆得以拓展。從漢代軍事作戰與疆域的伸展可看出冶鐵科技對於漢代多麼的重要。

魏晉南北朝時期，由於戰爭與屯田的需求，各政權首推冶鐵科技，在生產規模、冶煉設備和鍛造的工藝技術上，皆比秦漢有了更大的發展。此時的工匠改進馬排成水排，利用水力來鼓風，提高了冶煉的強度，其中百煉鋼技術的持續推廣，以及灌鋼法（淬火成鋼，亦即雜煉成鋼）的發明，對於兵器生產力的發展，起了重要的進步功用與效能。東晉大興元年（318），北伐將領劉琨爲鮮卑人段匹磾所拘禁，「自知必死，神色怡如也，爲五言詩贈其別駕盧諶」云：

> 功業未及建，夕陽忽西流；時哉不我與，去矣如雲浮。朱實隕勁風，繁英落素秋；狹路傾華蓋，駿駟摧雙輈。何意百鍊剛，化爲繞指柔。[2]

其中「何意百鍊剛，化爲繞指柔」，通常被研究中國古代冶煉科技的學者所引用，以此表述魏晉南北朝的冶煉史，達到技術的革新，並以「百煉鋼」來稱呼，反覆摺疊鍛打的工藝技術成品，因此，北周庾信曾作〈刀銘〉云：「千金穎合，百煉

---

[1]《漢書》，卷二十四〈食貨志〉。
[2] 房玄齡，《晉書》，卷六十二〈劉琨傳〉。

鋒成，光連斗氣，燄動山精。身文水動，刃古珠生。」[1] 在三國時代，戰爭紛擾和屯田的盛行，因此曹魏與蜀漢紛紛設有負責冶煉的機構，任務為製造農具與兵器，而冶煉技術也日益革新。曹魏韓暨任監冶謁者時，發明了水排鼓風技術：

> 舊時冶，作馬排，（蒲拜反，為排以吹炭）每一熟石用馬百匹；更作人排，又費功力；暨乃因長流為水排，計其利益，三倍於前。在職七年，器用充實，制書褒歎，就加司金都尉，班亞九卿。[2]

在東漢以前，冶煉鋼鐵本為馬力或是人力鼓風，相當費力，韓暨發明水排後，曹魏產鐵量增加了三倍，因此使得魏營軍器充實，稱霸於華北。

戰爭頻繁的三國時期，魏、蜀、吳三國的統治者皆注意各種百煉鋼利器，例如：魏武帝曹操於建安年間曾下令：「作百辟刀五枚，適成，先以一與五官將，其餘四，吾諸子中有不好武而文學，將以次與之。」[3] 又，作《內誡令》云：「百煉利器以辟不祥，攝服奸宄者也。」[4] 魏文帝曹丕亦打造「百辟寶劍」，長四尺二寸。[5] 蜀漢方面，根據〈蒲元傳〉記載，蒲元曾替諸葛亮於斜谷造刀三千口：

> 鎔金造器，特異常法。刀成，自言漢鈍弱，不任淬用，蜀江爽烈，是謂大金之元精，天分其野。乃命人於成都取之。有一人前至，君以淬刀，言雜涪水，不可用。取水者猶悍言不雜，君以刀畫水云，雜八升，何故言不？取水者方叩頭首伏云，實於涪津渡負倒覆水，懼怖，遂以涪水八升益之。於是咸共驚服，稱為神妙。刀成，以竹筒密內鐵珠滿其中，舉刀斷之，應手靈落，若芻生芻。故稱絕當世，因曰神刀。[6]

製刀專家蒲元鍛造出的刀，能夠劈開裝滿鐵球的竹筒，故被譽為「神刀」；蒲元的冶煉製刀技術，其訣竅是能夠分辨不同水質對淬火質量的影響，把鐵刀鍛煉到適合的硬度。蒲元使用蜀江水鑄刀的情形，表示著魏晉時代對於不同冷卻速度的

---

[1]陳夢雷，《古今圖書集成》，卷二百八十七〈戎政典〉。
[2]陳壽，《三國志‧魏書》，卷二十四〈韓暨傳〉。
[3]李昉，《太平御覽》，卷三百四十五〈兵部〉。
[4]李昉，《太平御覽》，卷三百四十五〈兵部〉，引〈內誡令〉。
[5]李昉，《太平御覽》，卷三百四十三〈兵部〉。
[6]李昉，《太平御覽》，卷三百四十五〈兵部〉，引〈蒲元傳〉。

淬火和成品性能之間的關係已經有一定的水準。吳大帝孫權對於刀劍的製作極注重，據梁陶弘景《古今刀劍錄》所載，曾在「黃武五年（226），採武昌銅鐵，作千口劍，萬口刀，各長三尺九寸。刀頭方，皆是南銅越炭作之，文曰「大吳」，小篆書。」[1] 蒲元造刀三千口，孫權命作多達萬口鐵刀和千口鐵劍，主要是用於裝備部隊的兵器，但從上述事例中可以發現，三國時代鍛造刀劍技術日趨精良，才能夠製出如此數量龐的刀劍。以百煉鋼製造的格鬥兵器，殺傷效能日益增強，導致防護裝備的變革，更提升防護效能；防護裝備的改進，又促使格鬥、遠射兵器再次演變精良，亦改變整個戰爭、戰術的規模。

南北朝的冶煉技術又有新突破，就是「灌鋼法」（團鋼法）的發明。其鍛造法為將把生鐵放在熟鐵中間，封上泥水和草灰漿，然後淬火加熱，經過反覆的鍛打，讓生、熟鐵混合成鋼；或把生鐵熔化成漿，持續淋在熟鐵之上，使兩種鐵混合成鋼。產生出的新材質，被稱為「宿鐵鋼」。《北齊書·綦母懷文傳》載：

> 造宿鐵刀，其法燒生鐵精以重柔鋌，數宿則成剛。以柔鐵為刀脊，浴以五牲之溺，淬以五牲之脂，斬甲過三十札。今襄國冶家所鑄宿柔鋌，乃其遺法，作刀猶甚快利，不能截三十札也。懷文云：「廣平郡，南幹子城是干將鑄劍處，其土可以瑩刀。」[2]

「灌鋼法」由於能夠提高生產力，增加鋼的產量，因此仍沿用至今日。

隨著新時代的開創，隋唐在社會、政治、文化等各個層面皆有可觀的發展，進而促使農業生產的迅速成長，奠定了人民豐足的物質基礎，加上手工業工匠善於繼承並發揚前人的成就，使得在唐朝時出現重大的發展。當時對外無論是交通或是貿易都相當開放且自由頻密，官府及私營的收工業均吸收大量國外的先進工藝技術，尤其在冶鐵、銅器、金銀器等方面，生機蓬勃，創造出許多新產品。這些技術亦融合在兵器的製造過程，致隋唐五代的兵器工藝，成就舉世矚目。隋唐時代的官營手工業很發達，綜合上節所述的各朝負責製造器物的機構來看，兵器

---

[1] 陳夢雷，《古今圖書集成》，卷二百八十六〈戎政典〉。
[2] 李百藥，《北齊書》，卷四十九〈綦母懷文傳〉。

的生產規模，皆比兩漢、魏晉南北朝時期來得擴大；此時期主要設有四種機構：少府監、將作監、軍器監和都水監。少府監掌百工匠作，轄下設：中尚署，供應舉行祭祀及各種典禮場合所用的器物及服飾等。左尚署，供應天子和皇室用的各種車、扇、傘、蓋等。右尚署，供應天子用的鞍轡以及政府各部門的帳、刀、劍、斧、鉞、甲、胄⋯等。織染署，供應皇室及為官員的冠冕組綬及織紝、色染、錦羅紗、縠綾、紬絁、絹布等。掌冶署，供應冶鐵、熔鑄鋼鐵器物。此外，少府監還管理各地的煉冶及鑄錢的各機構。將作監掌土木工程之政，下設：左校署（木工）、右校署（土工）、中校署（舟車等工）、甄官署（石工和陶工）。甄官署是北朝以來常設的機構，主要負責業務為石窟的營建（北齊在甄官署下設有石窟丞），墳墓前的碑碣、石人、石獸、墳墓中的陶俑明器。將作監下並附採木的五個監。軍器監是職掌繕治甲弩兵器，下設弩坊及甲坊兩署。都水監負責水利，掌川澤津梁渠堰陂池之政。由於兵器工業在如此嚴密的政府造作組織之下發展，並且得以前進，再加上國家的統一，社會的穩定和經濟、文化的高度繁榮以及中外經濟、文化交流的日益頻繁，而獲得了長足的進步和巨大的發展。各式兵器門類品種齊全，工藝技巧高超，均超越了以往各代。

　　唐朝負責製造盔甲的部門是「甲坊署」，令於北都軍器監，亦造盔甲，成品則存入武庫。以上單位生產的護體器具，其中鐵甲的製造是相當耗費工時。製甲工序如下：首先將鐵製成甲片，之後打剳、粗磨、穿孔、錯穴、並裁剳、錯稜、精磨等步驟。鐵甲片加工完畢後，再以皮革條編綴成甲。鐵甲裏頭還要掛上襯裏，防止磨損穿戴者的皮膚。根據日本延長五年（927）仿效唐朝制度編纂的《延禧式》卷四十九〈兵庫寮〉，製造出一副鐵甲，需要一百九十二個到二百五十六個工作日。修理一副盔甲，需要四十一名工匠。[1] 可見程序繁複。唐朝的盔甲，按《新唐書・馬燧傳》載：「造鎧必短長三制，稱士所衣，以便進趨」，[2] 可知唐鎧分為大、中、小三種尺寸規格，士兵領取盔甲時，按體形來發放。但此種重裝鐵

---

[1]《延禧式》，卷四十九〈兵庫寮〉。

[2] 歐陽修、宋祁，《新唐書》，卷一百五十五〈馬燧傳〉。

甲相當重，所以在挑擇兵員體格時，其中一個重要的條件就是「勝衣甲」，一個穿著盔甲卻無法行動的士兵，必然是不適合從事兵役。另外，唐朝盔甲技術中有使用一種類似逸聞的材質；根據《新唐書·徐商傳》中提到：「商表處山東寬鄉，置備征軍，凡千人，襲紙爲鎧，勁矢不能洞」，[1] 河中節度使徐商在山東寬鄉徵調兵員的時候，曾經襲紙爲甲，儘管文中記載此種紙甲能夠防禦弓箭，但現今兵器專家多認爲它毫無抵禦能力，它唯一的功能大概就是催眠士兵心態。

與兵器工業最相關的就是採礦業，隋唐時代的採礦業相當發達，且品類繁多，產品主要有金、銀、銅、鐵、錫、鉛及丹砂。以上之礦產多分佈在河南、安徽、江蘇、浙江和江西等地，以銅礦最多，達到一百四十六個礦產區，銀礦與鐵礦亦逾百餘區。除開採金屬礦產外，還開發非金屬礦，例如：廣東的煤礦、甘肅玉門的油礦。兵器有了基礎的礦產後，就需要經過冶鑄與熱處理。此時期的冶煉規模產品數量、品種及質量明顯提升，技術更加純熟，不但生產了大量的工具、兵器、生活用具等金屬器物，而且生產了大型的銅鐵器，以及精巧美麗的金銀器，大量滿足社會各階層、軍方與統治者對金屬器的需要。隋唐時期的兵器都經過淬火、回火的處理，目的在提高錫、鋼鐵等的強度及可塑性，並降低硬脆度。[2] 五代十國時期，由於各政權統治時間不長，在兵器工業與技術發展上，主要有猛火油用於作戰與弩機的改進。

此後，中國煉鋼方法雖然仍舊不斷改進，例如：明代的「串聯炒鋼爐」等；另外，明代工匠將含碳量低的熟鐵或炒鋼用火加熱後，用大錘反復疊摺鍛打；過程中，雜質就會逐漸從純鐵中析出，同時亦使金屬的組織密度加大。經過許多次疊摺鍛打後，再夾入一塊灌鋼（宿鐵，含碳量約在 0.8% 左右的高碳鋼），以此當作刃鋼，然後淬火鍛造刀體成型。由於刀身含碳量不同的多層組織，在拋光研磨後，表面會出現美麗的花紋和夾鋼線，使得明代刀劍剛柔互濟，達到鍛造科技的最高水準。又，明代刀劍的鍛造技術較前朝進步較大，不僅有所創新，而且不斷

---

[1] 歐陽修、宋祁，《新唐書》，卷一百十三〈馬燧傳〉。
[2] 劉煒主編，《隋唐—帝國新秩序》（香港：商務書局，2002），頁 81。

引進和吸取外族先進工藝，達到了「師夷之長而制夷」的目的。明代刀劍的基本工藝是傳統的嵌鋼和夾鋼，自南北朝宿鐵刀的出現後，該法不斷推陳出新，在明代達到空前發展的進步。嵌鋼和夾鋼，工藝簡單，成本低廉，即適合刀劍的大規模製造，又能滿足刀劍剛柔兼濟的物理要求，只要精工鍛造，熱處理得當，造出的刀劍性能絕對可以滿足戰鬥要求。除了這兩種基本工藝外，明初高級刀劍的旋焊工藝已經相當成功，明代工匠已經完全掌握了從中西亞傳播過來的大馬士革刃的製作方法，同時予以改進，出現了旋焊嵌鋼和旋焊馬齒夾鋼等工藝。其中旋焊鍛造，可說是在鍛造技術工藝之中，難度最高的，費時最久，成品率最低。所以，其存世量也是最少的；其花紋主要為羽毛紋和拇指紋。但是，清代後由於鍛冶刀、劍的技術未見精進，甚至隨著火器的被廣大使用，而漸漸失傳。

今天廣大的愛刀人士，遠赴亞搜購所謂的「大馬士革鋼」刀劍，並且把它當作是歐陸製刃的奇蹟或獨特的技術；殊不知，此種技術中國早在戰國時代就已經有了。根據考古學中確認，中國人的祖先早在五十萬年前，已經知道如何用火；四萬年前，就能將赤鐵礦從大自然中辨認出來；六千年前，已經能熟練的使火達到 1,230 度的高溫；三千多年前，中國人高超的鍊銅技術，更為製鐵工程奠下紮實的基礎。因此，三千四百多年前，雖只能直接使用隕鐵製造器械的刃部，但在短短的三百年不到的西周年代，就會使用一種「低溫還原鐵法」煉鋼，時稱「塊煉鐵」。當時鐵礦在加溫還原後產生的成品式鐵和渣混雜在一起的固體，因此要破壞爐子，掏出鐵塊，再多次加溫，反覆錘打，才能變成可用的鐵，費工費時，品質較差。戰國初期（約兩千六百年前），中國出現了不必破壞爐子，且可自然分離鐵和渣的「高溫還原法」，也就是所謂的「高爐生鐵」（鑄鐵），大大的改良了鐵的品質。這段時間，為了能使生鐵的可用性提高，中國又獨創了一種煉鋼方法，叫做「生鐵脫炭鋼」，就是使生鐵爐火終場時間退火便鋼的技術；因此當時已出現用四、五片不同鐵料一起加溫、摺疊、反覆錘打的兵器；傳說中的干將與莫邪劍上有龜裂紋和水波紋，應該就是當時的作品，即是所謂「積層鋼」的雛形。

　　高雄縣興達港郭常喜先生從事冶煉工作凡四十餘年，十餘年前並遠赴日本學藝，結合中日現代科技，將中國這份傲人的鑄劍神技，發揮淋漓盡致，甚至精益求精，凌駕傳統技藝而能自創一格。這神奇的鋼材之所以能使中外人士為之深深著迷，因為其一，所產之刀劍具有：「鋒利維持力」、「易磨度」、「強韌度」、「耐磨損力」、「抗銹蝕力」以及「耐衝撞力」都超過一般鍛造鋼製品，更是所謂不銹鋼所不能比擬。其二，郭先生所製之刀劍必經過反覆疊打的過程，使得刀身層層介面形成的自然花紋，或水波或捲雲，炫麗夢幻、變化萬千，並能藉由製程的改變，巧妙控制預設的圖案；此種原創性的藝術極品，正是中外刀劍收藏家的最愛。

圖 5-2　　《鋼之流釆》封面

圖片來源：林智隆，陳鈺祥，《鋼之流釆》（臺北：文史哲出版社，2007）。

表 5-1　明代京營兵數表

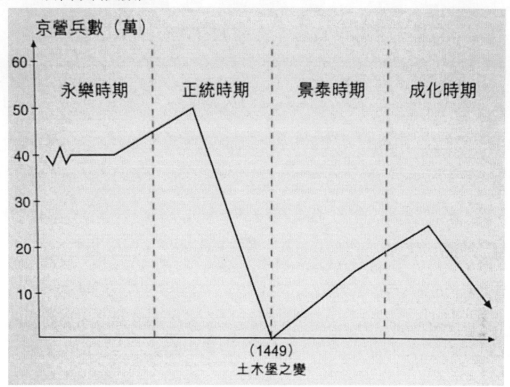

圖片來源：劉煒主編，《中華文明傳真‧明：興與衰的契機》，頁 57。

表 5-2　明代使用火及冷兵器兵士圓餅圖

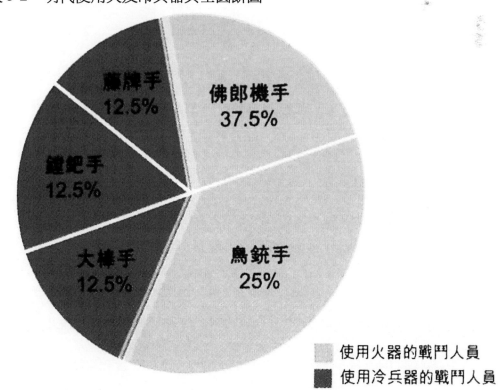

圖片來源：劉煒主編，《中華文明傳真‧明：興與衰的契機》，頁 58。

第三節　大明朝軍隊裝備圖

　　明代建國初期的軍隊來源，有諸將原有之「從徵兵」、元朝軍隊及割據群雄覆滅後所歸附的部眾；不過，最主要的則是籍選來的「垛集軍」。此外，尚有「簡拔」、「投充」及「收集」等徵兵方式。明朝整體來說，「衛所制」仍然為最主要的軍事制度。明朝政府在全國各地軍事重地設立衛所，衛所其下依序有千戶所、百戶所、總旗及小旗等單位，各衛所都隸屬於五軍都督府，同時亦受兵部管轄，有戰事即徵調，無事則歸還衛所。其兵源為世襲的軍戶，由每戶派一人為正丁至衛所服兵役，軍人在衛所中輪流戍守以及屯田，屯田所得以供給軍隊及將官等所需。其目標在養兵而不耗國家財力，但明宣宗以後漸無法維持，軍人生活水準及社會地位日漸低下，逃兵也逐漸增加，軍備因此逐漸廢弛。[1]

　　嘉靖年間，倭寇危害情形嚴重；於是，戚繼光在浙江採用招募民兵，來取代衛所，南兵以「鴛鴦陣」列陣，部隊使用的全為冷兵器，只有收在中軍的部隊才配備銃炮（火兵器），時人稱南兵「節制精明，器械犀利」。[2] 除戚家軍外，李如松的遼東鐵騎和袁崇煥的關寧軍，都是明代晚期的戰爭主力。抗倭戰爭中，劉綎麾下的川兵、明將吳惟忠及駱尚志的南兵，更有「炮手」之稱，於萬曆朝鮮戰爭中，多所建功。明代的家丁由明將挑選厚養，薪資待遇皆較明軍優厚，戰力亦遠在一般部隊之上，王在晉在《都督劉將軍傳》提到「（劉綎）家丁則合南北倭苗夷虜，靡所不有；黑獠鬼面者，入水不濡。時令司門巡酒，三尺之童赤身舞利劍，如庖丁之運刃。或側身馬腹，旋復跳出。…其家丁一能抗十，強者一能抗百，馬逸能止，車覆能起，哮矙風驅，欀戾執猛，矯哉強乎。」[3] 明代中葉後，北邊的衛所之兵源只剩當初人數的一半，在如此情況之下，將領招募的家丁（私兵，類似清代的團練），就填補起衛所兵力的空缺，也建立起另類的明代國防力量。

---

[1] 明代衛所制資料整理自陳文石〈明代衛所的兵〉，《史語所集刊》，第 48 卷第 2 期（1977），頁 177-203；維基百科。
[2] 張廷玉，《明史》，卷二百十二〈戚繼美傳〉。
[3] 王在晉，《都督劉將軍傳》，一卷，頁 23-215。

圖 5-3　明代神機營中的火槍兵

圖片來源：維基百科。

圖 5-4　明代大將王瓊

圖片來源：皇甫江，《中國刀劍》，頁 116。罩甲提督，王瓊事跡圖，劉剛臨摹。

圖 5-5　明代戎裝圖

圖片來源：劉永華，《中國古代軍戎服飾》，頁 169。明軍服飾中的胖襖，其制：「長齊膝，窄袖，內實以棉花」，顏色爲紅，又稱「紅胖襖」。騎士多穿對襟，以便乘馬。作戰用兜鍪，多用銅鐵製造，很少用皮革。將官所穿鎧甲，也以銅鐵爲之，甲片的形狀，多爲「山」字紋，製作精密，穿著輕便。兵士則穿鎖字甲，在腰部以下，還配有鐵網裙和網褲，足穿鐵網靴。本圖爲明代武士復原圖。圖中後排左面穿紅鎧甲的人物，是根據敦煌市，山西省博物館收藏、十三陵石刻與出土、山西渾源栗疏美墓石刻復原。前排左穿絨服的人物是根據《王瓊事蹟圖》、《義列傳》插圖、湖北武當山金頂殿銅像、山西平遙鎮國寺壁畫等形象復原。前排右面人物穿的爲明崇禎年間的盔甲。

圖 5-6　彩繪明代將領圖

圖片來源：畫家蔣振威繪。

圖 5-7　明軍裝備圖

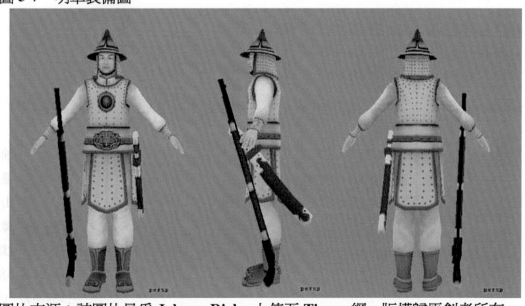

圖片來源：該圖片是為 **Johnny Richo** 上傳至 **Tiexue** 網，版權歸原創者所有。

圖 5-8　明將戎裝圖

圖片來源：「昨日重現」網，明清歷史圖片。

圖 5-9　明軍與元軍作戰

圖片來源：*Peers , "Medieval Chinese Armies 1260-1520." Osprey, 2002.*

圖 5-10　明代銃兵圖

圖片來源：歷史群像，《戰略戰術兵器事典・中國中世・近代編》，頁 **26**。

圖 5-11　明代手持鉤鐮刀的重裝步兵圖

圖片來源：歷史群像，《戰略戰術兵器事典・中國中世・近代編》，頁 **26**。

圖 5-12　明代騎兵圖

圖片來源：歷史群像，《戰略戰術兵器事典・中國中世・近代編》，頁 27。

表 5-3　明軍的編成及兵器裝備表

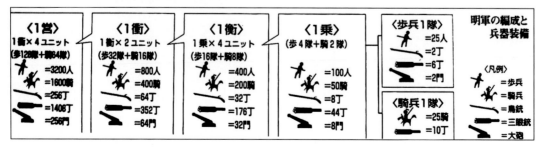

圖片來源：歷史群像，《戰略戰術兵器事典・中國中世・近代編》，頁 27。

圖 5-13　明代騎兵與步兵

圖片來源：*Peers , "Late Imperial Chinese Armies 1520-1840." Osprey, 2002.*

圖 5-14　戚繼光的浙江籍戚家軍圖

圖片來源：*Peers , "Late Imperial Chinese Armies 1520-1840." Osprey, 2002.*

圖 5-15　協助南明的葡萄牙軍隊

圖片來源：*Peers , "Late Imperial Chinese Armies 1520-1840." Osprey, 2002.*

圖 5-16　手持冷兵器及火兵器的大明帝國軍隊

圖片來源：*Peers , "Medieval Chinese Armies 1260-1520." Osprey, 2002.*

圖 5-17　戰勝的大明帝國軍隊（步兵手持爲一窩烽）

圖片來源：*Peers , "Medieval Chinese Armies 1260-1520." Osprey, 2002.*

圖 5-18　大明帝國的將領

圖片來源：*Peers , "Medieval Chinese Armies 1260-1520." Osprey, 2002.*

圖 5-19　明朝崇禎皇帝（上）及將領（下）的盔甲照

圖片來源：《江山風雨情》劇照，該片以明朝末年爲背景，描寫崇禎皇帝朱由檢、李自成、皇太
　　　　極爲代表的大明、大清、大順三個政權爭奪天下的故事；該劇考究明神宗定陵出土之
　　　　文物及《出警入蹕圖》畫作來設計甲冑。圖片版權爲北京錦繡江山影視公司所有。

圖 5-20 明朝將領（上）及侍衛（下）的盔甲畫

圖片來源：（上圖）國立故宮博物院藏，《出警入蹕圖》局部；（下圖）大明帝國
網 www.1368-1644.com。2009/8/20

圖 5-21
火兵器使用示意圖

圖片來源：
Stephen , "Siege Weapons
of the Far East 960-1644."
Osprey, 2002.

圖 5-22
攻城兵器使用示意圖

圖片來源：
Tumbull，"Siege Weapons of the
Far East(2) AD960-1644."

第六章　明代著名戰役之研究

中國歷史「合久必分，分久必合」，每逢亂世之時，便是形成群雄逐鹿中原，爭奪天下的局面。往往歷經多次大規模會戰到最後，中土必會回歸到天下歸一的版圖。號稱草原民族的驕傲，也是「征服王朝」[1] 之一的蒙古族於建國之初，武功強盛；但是，到至正十一年（1351）五月，天下大亂，由明教、彌勒教、白蓮教等民間宗教結合所發動的紅巾軍武裝起事。朱元璋投奔郭子興，屢立戰功，發展出自己的勢力。十六年（1356），朱元璋率兵佔領江蘇南京，改名為應天府。初時的朱元璋「初起鄉土，本圖自全」、「孤軍保城」，[2] 因此採納了謀士朱升「高築牆，廣積糧，緩稱王」[3] 的建議，其軍事實力逐漸壯大。二十年（1360），朱元璋於鄱陽湖水戰中，擊敗陳友諒；1367 年，朱元璋攻下平江（今蘇州），吳王張士誠自盡；同年朱元璋又消滅方國珍。1368 年正月，朱元璋建立明朝。趁元朝內訌之際乘時北伐和西征，並攻佔大都（今北京），蒙古人撤出中原。1371 及 1381 年，繼續消滅明玉珍勢力（子明昇）和據守雲南的元朝梁王巴匝剌瓦爾密。1388 年，又深入北方沙漠，進攻北元，天下至此初定。

第一節　鄱陽湖水戰

中國水戰史中，以金宋戰爭的水戰規模大，戰法屢創新穎。宋建炎四年（1130）正月，金艦隊攻佔明州後，追擊宋帝的船隊於浙江海域。宋將提領海船張公裕率

---

[1] 中國自古以來，中原農業民族與北方遊牧民族長期處於敵對的狀態，在歷史上亦不乏北方民族在中原建立政權的朝代。像是：和東晉南朝對峙的五胡十六國及北朝；兩宋時的遼、西夏、金、元等，他們都曾經統治部分或整個中國領土。「滲透王朝」在中古時期有分為「匈奴」、「羯」、「羌」、「氐」、「鮮卑」等胡族，自塞外內徙，趁東漢末年以後天下大亂，相繼建立起各民族政權。「征服王朝」如近世興起的契丹、女真、党項、蒙古、滿洲等民族，則是居住在中國的邊境，憑藉著遊牧民族的驍勇武力，征服了中國一部分或全部，分別建立起遼、金、西夏、元、清等朝代。

[2] 《明史》，卷一〈太祖本紀〉、卷一百二十二〈韓林兒傳〉。

[3] 《明史》，卷一百三十六〈朱升傳〉。

艦隊，乘風雨大作，在定海漁頭海面，以「大艦」擊潰了金國艦隊，挽救了南宋。同年正月十五日，宋將韓世忠由江陰率領水軍八千菁英、海船百艘復歸前往鎮江部署江防，阻截金軍北撤。三月十五日，金軍十萬大軍，分乘輕型戰船渡江北返至鎮江，埋伏於鎮江江面焦山兩側，隱蔽待機突襲的韓世忠艦隊，迅即分數路出擊夾攻金國艦隊。《宋史》載：

> 宗弼還自杭州，遂取秀州。赤盞暉敗宋軍于平江，遂取平江。阿里率兵先趨鎮江，宋韓世忠以舟師扼江口，宗弼舟小，契丹、漢軍沒者二百餘人，遂自鎮江泝流西上。世忠襲之，奪世忠大舟十艘，於是宗弼循南岸，世忠循北岸，且戰且行。世忠艨艟大艦數倍宗弼軍，出宗弼軍前後數里，擊柝之聲，自夜達旦。世忠以輕舟來挑戰，一日數接。將至黃天蕩，宗弼乃因老鸛河故道開三十里通秦淮，一日一夜而成，宗弼乃得至江寧。撻懶使移剌古自天長趨江寧援宗弼，烏林荅泰欲亦以兵來會，連敗宋兵。[1]

另外，《建炎以來繫年要錄》中提到，南宋水軍駕駛大型戰艦「乘風使蓬，往來如飛」。[2] 打得金艦隊潰不成軍，創造了以逸待勞，出敵不意，伏擊火攻，速戰速決，以少勝多的出色水戰戰例。不過金艦隊擺脫黃天蕩封鎖後，在舟中裝載著泥土，加強船身的穩定性，並在甲板上鋪設了木板，兩舷鑿洞置掉槳，提高了整體航速，增強其防護能力，明顯地改善金國水軍的作戰條件。四月二十五日，金艦隊則趁江上無風，宋水軍大艦不利行動之機會，令眾多的小船出擊，以火藥箭猛射帆蓬，大敗宋艦隊，遂得以渡江北返。金國水軍以己之長處擊敵之缺失，掌握海上作戰法則，甲以實施火攻，致使水戰藝術發揮至極至。此外，發生在采石磯（今安徽馬鞍山市北）的采石水戰（南宋紹興三十一年，1161），完顏亮帶領的金朝水軍希望渡過長江並滅亡宋朝，最終宋朝以勝利告終，亦是著名水戰之一。

　　元朝至正十七年（1357）九月，紅巾軍天完國丞相倪文俊謀殺其主徐壽輝，不果，自漢陽逃奔黃州，而被陳友諒襲殺，並自稱宣慰使，又尋稱平章政事，以

---

[1] 脫脫等，《金史》，卷七十七〈宗弼傳〉。
[2] 李心傳，《建炎以來繫年要錄》，卷三十二〈建炎四年四月丙申〉，第 3864 冊，頁 635。

鄒普勝爲太師，張必先爲丞相，起兵攻下江西諸路。迎徐壽輝遷都江州（治今江西九江）。陳友諒挾持徐壽輝，自稱漢王，建都江州，國號漢，年號大義。[1] 此時長江之南，就以陳友諒的漢軍勢力最大，盡有江西、湖廣之地，極有一統中國之望。至正二十年（1360），陳友諒欲東取應天，而朱元璋亦患陳友諒與張士誠結合。雙方於是展開大戰，陳友諒於東伐朱元璋過程中，於途中殺徐壽輝，於采石五通廟自立爲大漢皇帝。剛開戰，陳軍衝破朱元璋長江太平防線，兵臨集慶（今南京）城下。陳朱雙方在集慶城西北的龍灣展開惡戰，不巧江水落潮，百艘巨艦擱淺，陳友諒大敗，夜挈妻子投奔武昌，殘餘將兵皆降朱元璋。

至正二十三年（1363）四月，陳友諒再次出兵進圍攻江西洪都（今南昌），水陸兩軍號稱六十萬人，陳友諒還動用水陸兩棲作戰，水船使用高大但是遲緩的樓船，卻圍攻洪都不下，因爲守將是朱文正（朱元璋姪兒）及鄧愈堅守住。朱元璋在於是親率二十萬人救洪都，出身原元軍水師軍隊的陳友諒於是撤圍，選擇在中國最大淡水湖鄱陽湖迎戰朱元璋。《明史》載：

> 友諒…乃大治樓船數百艘，皆高數丈，飾以丹漆，每船三重，置走馬棚，上下人語聲不相聞，艫箱皆裹以鐵。載家屬百官，盡銳攻南昌，飛梯衝車，百道並進。太祖從子文正及鄧愈堅守，三月不能下，太祖自將救之。友諒聞太祖至，撤圍，東出鄱陽湖，遇於康郎山。友諒集巨艦，連鎖為陣，太祖兵不能仰攻，連戰三日，幾殆。已，東北風起，乃縱火焚友諒舟，其弟友仁等皆燒死。友仁號五王，眇一目，有勇略，既死，友諒氣沮。是戰也，太祖舟雖小，然輕駛，友諒軍俱艨艟巨艦，不利進退，以是敗。[2]

明軍艦隊才九天，即自南京出發抵達南昌救援，明軍艦隊分成十一隊，大船隊在中央，餘小船隊載步兵至南昌登陸支援南昌守軍，七月二十日兩軍主力在鄱陽湖對峙，次日黎明開始大戰。開戰初期，明軍船小兵少處劣勢，漢軍「樓船」居高放炮石攻低處明軍船艦，朱元璋座艦也中彈攻毀幾乎被漢軍俘虜，幸賴所屬

---

[1] 張廷玉，《明史》，卷一百二十三〈陳友諒傳〉。
[2] 張廷玉，《明史》，卷一百二十三〈陳友諒傳〉。

兵船奔赴救出朱元璋。後來朱元璋採納郭興的建議，用火攻、投石機，第四天起燒毀陳軍二十幾艘樓船艦船，漢軍傷亡慘重，至少約二萬五千漢軍兵戰歿，陳友諒之弟陳友仁陣亡，[1] 友諒因而悲痛不已，陳軍憤而於陣前殺明軍俘虜，退無可退，導致明軍非背水一戰不可；之後陳軍形勢開始不利而鄱陽湖因為夏秋天日曬久導致水位降低，漢軍樓船大重卻吃水深慢甚至擱淺、不敢靠岸，反觀明軍船小速快可利攻擊，也可以靠岸紮水寨作持久戰；九月底，明軍陸軍克復南昌，部份明軍艦隊撤出至贛江、長江，僅留部份艦隊與陳續戰，等待明步軍來援完成水陸包圍。到了八月二十六日，陳軍企圖突圍退回武昌，在湖口受到明軍岸上步兵萬箭遮天連發阻截，陳友諒從船艙中探頭出來，竟中流矢死，陳軍於此再喪約二萬兵，餘五十萬大軍則自動潰散逃敗。其子陳理被殘部擁立繼位，後降朱元璋。

圖 6-1　鄱陽湖水戰示意圖

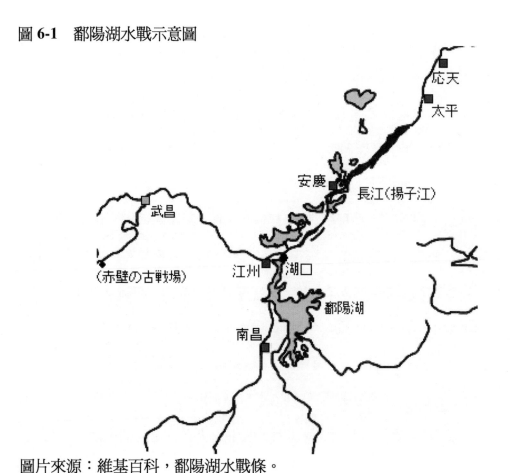

圖片來源：維基百科，鄱陽湖水戰條。

---

[1] 張廷玉，《明史》，卷一百二十三〈陳友諒傳〉。載：友仁號五王，眇一目，有勇略，既死，友諒氣沮。

圖 6-2 　《明代開國英烈傳》封面

圖片來源：《明代開國英烈傳》封面，百度百科。

圖 6-3 　鄱陽湖水戰蠟像展示

圖片來源：北京明皇宮蠟像館。該圖片是為 Juta 上傳至 Tiexue 網，版權歸原創者所有。

圖 6-4　鄱陽湖水戰油畫

圖片來源：明孝陵博物館藏。

圖 6-5　紅巾軍起事

圖片來源：歷史群像，《戰略戰術兵器事典‧中國中世‧近代編》，頁 26。

圖 6-6
鄱陽湖空照

圖片來源：
維基百科。

圖 6-7　明水軍以火攻偷襲陳友諒漢軍

圖片來源：**Tumbull, Stephen/ Reynolds, Wayne (ILT) , "Fighting ships of the far east(1) 612BC- AD 1419." Osprey, 2002, p32.**

圖 6-8 陳友諒所使用之樓船復原圖

圖片來源：**Tumbull, Stephen/ Reynolds, Wayne (ILT) , "Fighting ships of the far east(1) 612BC- AD 1419." Osprey, 2002, p26.**

圖 6-9 朱元璋於鄱陽湖迎戰陳友諒插畫

圖片來源：《明朝是如何取代元：同室操戈中結出的奇葩》，華夏文明，中國經濟網。

第二節　土木堡之役

　　土木堡的位置是在今日中國河北省張家口市懷來縣境內的一個城堡,坐落於明代邊牆居庸關至大同長城整線的內側,是長城防禦系統中的一個組成部分,與榆林堡和雞鳴堡是京北三大堡,該城堡外形如船,堡城南北長約五百公尺,東西長約有一千左右,城牆則爲高六至七公尺。明代初期,對蒙古瓦剌實施「羈縻之策」,在宣化、大同等地開放馬市,互通貿易。正統十四年(1449),瓦剌部落族長也先派兩千人來進馬,詐稱三千來冒領糧食,太監王振則將貢馬價格削減,激怒了瓦剌,成爲引發戰爭的藉口及導火線。七月瓦剌兵分四路侵明,主力進攻大同,明軍失利,戰況傳至京師,朝野震驚。明英宗朱祁鎮在王振的慫恿下,御駕親征,率五十萬大軍前往大同。但當地戰況不佳,王振懼怕而決定班師。「大同總兵郭登告學士曹鼐等,車駕入,宜從紫荊關,庶保無虞。」[1] 但王振想藉機讓英宗「幸其第」,改向蔚州出發。途中又恐大軍毀其莊稼,而改道行軍。十日到宣化後,瓦剌追兵到,恭順侯吳克忠及其弟、來援的成國公朱勇,皆全軍盡沒。八月十四日英宗到達土木堡,瓦剌兵進行包圍,水道也給佔據起來,讓明軍人馬饑渴,都指揮終夜拒敵,敵人愈增。十五日也先假裝派遣使者向明軍求和,王振眼見兵退,即下令將兵營移至近水之處,卻遭到也先勁騎的四面突擊,明兵軍勢潰散,英宗被俘,王振等皆死於亂軍之中,官兵死傷十萬餘。

　　明英宗復辟後,於是在堡內修建了顯忠祠,以褒獎土木之役中犧牲的二、三十位明朝將領。今日土木堡牆現存的只有南牆和西牆,原有的土築磚包現已消失,只剩夯土牆;而該祠歷經多次的毀壞和重修,至今仍保存著三間大殿和一些碑刻,從正中央一間大殿鎖著的門往裡面窺望,可見一塊寫著顯忠祠簡介的牌子和一塊寫著死難大臣官銜和名字的牌子與輸水管道、農具等雜物堆放在一起,與當日英勇作戰之情形,不勝欷噓。

---

[1] 谷應泰,《明史紀事本末》,卷三十二〈土木之變〉。

圖 6-10　明英宗不顧大臣反對執意親征

圖片來源：北京明皇宮蠟像館。該圖片是爲 Juta 上傳至 Tiexue 網，版權歸原創者所有。

圖 6-11　土木堡之役蠟像展示

圖片來源：北京明皇宮蠟像館。該圖片是爲 Juta 上傳至 Tiexue 網，版權歸原創者所有。

　　瓦剌部（十七世紀後稱爲厄魯特），從明初開始，逐漸地控制東部蒙古各部，利用軍事征討、封官設治、聯姻結盟等方式，勢力發展迅速，其範圍東抵朝鮮，西達楚河、塔拉斯河，北括南西伯利亞，南臨長城，有南侵中國領土的野心。正統十四年（1449），蒙古瓦剌部以貢馬削價爲由，入寇明朝北邊，英宗所率領的五十餘萬大軍，北出長城，慢步西行至山西大同。全軍僅停留二日，即行撤軍，瓦剌聚軍圍困明軍於土木堡，殲滅明軍主力，俘明英宗北去，史稱爲「土木之變」。

　　朱元璋建立明帝國後，蒙古勢力可以說只是退回大漠地區，仍以「北元」的國號維持其政權，所以明太祖修築「邊牆」（長城），設置邊鎮和衛所，冊封皇子爲藩王鎮守邊疆。靖難之變後，明成祖永樂十九年（1421）將都城由南京遷往北京，並曾經五次御駕親征漠北，才使得北邊局面趨於穩定。但明成祖爲了縮短陣線以節約兵力，亦裁撤了塞北大寧與開平兩個前進基地，使北邊防線內移了數百公里，又給予蒙古勢力向南擴張之機。明成祖永樂十五年（1417），當時蒙古地區概分爲瓦剌、韃靼、兀良哈三大部，相互爭雄。瓦剌首領馬哈木死，子脫歡立，成爲瓦剌各部中勢力最強的一支。不久，脫歡統一諸部，立蒙元後裔脫脫不花爲韃靼可汗，脫歡則自立爲丞相，實掌政權。英宗正統四年（1439），脫歡死，其子也先立，漸漸培養瓦剌實力，並持續侵擾明邊境。也先表面上與明朝互市通貢，並請求通婚，以保持友好關係，暗地裡卻刺探明朝虛實，爲發動戰爭作準備。[1] 正統十四年二月發生了「貢馬」事件，《明史・王振傳》載：「瓦剌者，元裔也。十四年，其太師也先貢馬，振減其直，使者恚而去。」[2]《明史紀事本末》則提到：

　　十四年春二月，也先遣使二千餘人進馬，詐稱三千人，王振怒其詐，減去馬價，使回報，遂失和好。先是，也先遣人入貢，通事輩利其賄，告以中國虛實。也先求結婚，通事私許之，朝廷不知也。至是，貢馬，曰：「此聘禮也。」答詔無許姻意，也先益愧忿，謀寇大同。[3]

---

[1] 谷應泰，《明史紀事本末》，卷三十二〈土木之變〉。
[2] 張廷玉，《明史》，卷三百四〈王振傳〉。
[3] 谷應泰，《明史紀事本末》，卷三十二〈土木之變〉。

「貢馬」遂成為七月瓦剌大舉進攻明朝之主要藉口。「土木之變」發生之前，明朝北邊守將早已察知也先蓄謀南攻的野心，多次上奏中央朝廷需加強北邊防務，但太監王振操縱朝中大權，竭力粉飾太平，致邊防日懈，給予也先可乘之機。《明史紀事本末》載：「也先大舉入寇，兵鋒銳甚。大同兵失利，塞外城堡，所至陷沒。」[1]《明史·瓦剌傳》載：

> 十四年七月，遂誘脅諸番，分道大舉入寇。脫脫不花以兀良哈寇遼東，阿剌知院寇宣府，圍赤城，又遣別騎寇甘州，也先自寇大同。參將吳浩戰死貓兒莊，羽書踵至。太監王振挾帝親征，諸臣伏闕爭，不得。大同守將西寧侯宋瑛、武進伯朱冕、都督石亨等與也先戰陽和，太監郭敬監軍，諸將悉為所制，失律，軍盡覆。瑛、冕死，敬伏草中免，亨奔還。車駕次大同，連日風雨甚，又軍中常夜驚，人恟懼，郭敬密言於振，始旋師。[2]

本次土木堡之役，由正統十四年七月十六日，明英宗御駕親征大軍，出長城進攻蒙古瓦剌部；到八月十五日，明軍在土木堡附近被瓦剌殲滅，歷時一個月。《明史·英宗前紀》記錄這一個月的戰況：

> 秋七月己丑，瓦剌也先寇大同，參將吳浩戰死，下詔親征。吏部尚書王直帥諸臣諫，不聽。癸巳，命郕王居守。是日，西寧侯宋瑛、武進伯朱冕與瓦剌戰於陽和，敗沒。甲午，發京師。乙未，次龍虎臺，軍中夜驚。丁酉，次居庸關。辛丑，次宣府。諸臣屢請駐蹕，不許。丙午，次陽和。八月戊申，次大同。鎮守太監郭敬諫，議旋師。己酉，廣寧伯劉安為總兵官，鎮大同。庚戌，師還。丁巳，次宣府。庚申，瓦剌兵大至，恭順侯吳克忠、都督吳克勤戰沒，成國公朱勇、永順伯薛綬救之，至鷂兒嶺遇伏，全軍盡覆。辛酉，次土木，被圍。壬戌，師潰，死者數十萬。英國公張輔，泰寧侯陳瀛，駙馬都尉井源，平鄉伯陳懷，襄城伯李珍，遂安伯陳塤，修武伯沈榮，都督梁成、王貴，尚書王佐、鄺埜，學士曹鼐、張益，侍郎丁鉉、

---

[1] 谷應泰，《明史紀事本末》，卷三十二〈土木之變〉。
[2] 張廷玉，《明史》，卷三百二十八〈瓦剌傳〉。

王永和，副都御史鄧棨等，皆死，帝北狩。甲子，京師聞敗，諸臣聚哭於朝，侍講徐珵請南遷，兵部侍郎于謙不可。乙丑，皇太后命郕王監國。戊辰，帝至大同。己巳，皇太后命立皇子見深為皇太子。辛未，帝至威寧海子。甲戌，至黑河。九月癸未，郕王即位，遙尊帝為太上皇帝。[1]

後來，「也先以送上皇還京爲名，與其汗脫脫不花寇紫荊關，京師戒嚴。」[2] 雙方進行近一年的京師保衛戰。

英宗在土木堡之變成瓦刺的高級俘虜，震動整個京師。監國郕王朱祁鈺，將于謙擢爲兵部尚書，全權負責籌畫京師防禦。當時朝廷中有些人主張向南遷都避敵，于謙挺身而出，駁斥各種投降的論調，提出「社稷爲重，君爲輕」，堅持保衛明京師，堅持抵抗也先到底。九月郕王即帝位，爲景泰皇帝。十月，也先挾持英宗破紫荊關威脅京師，于謙分遣諸將列陣九門迎敵，並親自督戰，擊斃也先弟

圖 6-12　「土木堡之役油畫」

圖片來源：「土木堡之役油畫」。歷史群像，《戰略戰術兵器事典‧中國中世‧近代編》，頁 116-117。

---

[1] 張廷玉，《明史》，卷十〈英宗前紀〉。
[2] 谷應泰，《明史紀事本末》，卷三十三〈景帝登極守禦〉。

孛羅及平章卯那孩。景泰元年（1450），也先求和並同意歸還英宗。《明史》載此次保衛戰：

> 十月敕謙提督各營軍馬。而也先挾上皇破紫荊關直入，窺京師。石亨議斂兵堅壁老之。謙不可，曰：「奈何示弱，使敵益輕我。」亟分遣諸將，率師二十二萬，列陣九門外：都督陶瑾安定門、廣寧伯劉安東直門、武進伯朱瑛朝陽門、都督劉聚西直門、鎮遠侯顧興祖阜成門、都指揮李端正陽門、都督劉得新崇文門、都指揮湯節宣武門。而謙自與石亨率副總兵范廣、武興陳德勝門外，當也先。以部事付侍郎吳寧，悉閉諸城門，身自督戰，下令，臨陣將不顧軍先退者，斬其將。軍不顧將先退者，後隊斬前隊。於是將士知必死，皆用命。[1]

由於于謙則力主抗戰，于謙等人夠擁立郕王爲帝（即景泰皇帝），調兵遣將，加強軍備及邊防，結果成功地擊敗瓦剌，迫使也先撤退。

于謙於永樂十九年（1421）成爲進士。宣德元年（1426），漢王朱高煦在樂安州起兵謀叛，于謙隨宣宗朱瞻基親征。授御史，後官至兵部侍郎。正統十四年（1449）秋，瓦剌也先大舉侵犯邊疆，宦官王振建議英宗親征。八月英宗在土木堡被瓦剌俘虜。皇弟郕王朱祁鈺監國，將于謙擢爲兵部尚書，全權負責籌畫京師防禦。當時朝廷中有些人主張向南遷都避敵，于謙挺身而出，駁斥了各種投降主義的論調，提出「社稷爲重，君爲輕」，堅持保衛北京，繼續抗敵。九月郕王即帝位，爲明景帝。十月，也先挾持英宗破紫荊關威脅京師，于謙分遣諸將列陣九門迎敵，並親自督戰，擊斃也先弟孛羅及平章卯那孩。景泰元年（1450），也先請求議和，同意歸還英宗。八月，英宗回朝，安置南宮，稱上皇。當時閩浙有葉宗留、鄧茂七起事，廣東有黃蕭養起事，湖廣、廣西、貴州等地均有少數民族反抗，都被于謙鎮壓。景泰八年，將軍石亨、宦官曹吉祥等，趁景帝病重，發兵擁立英宗。英宗復辟後，石亨和曹吉祥等誣陷于謙製造不軌言論，要另立太子，唆使科道官上奏。都御史蕭維禎審理案件，判定于謙犯謀逆罪，判處死刑。英宗以于謙對國有功，不忍心殺他，徐有貞奏：「不殺于謙等，今日之事有何理由可言？」遂以「意欲」謀逆罪處死，其子于冕充軍，發戍山西龍門，其妻張氏發戍山海關。《明史》載于謙「死之日，陰霾四合，天下冤之」，籍沒時家無餘資。錦衣衛發現于謙的正屋大鎖牢牢鎖著，裡面放著皇帝御賜的蟒衣、劍器，看了也忍不住落淚。成化年間，其子于冕獲赦，上疏爲父平反，明憲宗親自審理，複官並賜祭。葬於杭州西湖三台山麓。萬曆年間，明神宗授諡號「忠肅」。留有《於忠肅集》。後世尊于謙爲民族英雄。維基百科

---

[1] 張廷玉，《明史》，卷一百七十〈于謙傳〉。

第三節　萬曆朝鮮戰爭

「萬曆朝鮮戰爭」，又被稱爲「朝鮮壬辰衛國戰爭」；日本則稱「文祿之役」，第二次爲「慶長之役」，或合稱爲「文祿‧慶長之役」；韓國稱之爲「壬辰倭亂」及「丁酉再亂」；中國將「朝鮮之役」、「寧夏之役」、「播州之役」合稱爲「萬曆三大征」。豐臣秀吉於 1592 年（壬辰，萬曆二十年）派兵入侵李氏朝鮮，明朝因是朝鮮的宗主國，故明神宗應朝鮮之請求派軍救援。日本視佔領朝鮮當作進攻中國的跳板，但是豐臣秀吉過世後，日軍即從朝鮮撤退。戰爭的起因是豐臣秀吉爲平息封建武士對采邑分封不滿，於是向宣祖李昖，表示有意假道朝鮮進攻明朝。秀吉致書朝鮮國王云：「吾欲假道貴國，超越山海而直入於明使四百州溶化我俗，以施王政於億萬斯年。」[1] 遭朝鮮拒絕，但是朝鮮武備廢弛已久，日軍三路齊進，一舉佔領朝鮮。4 月 12 日日第一軍團一萬八千七百人先渡海至對馬島待命。4 月 14 日侵朝的日軍首先於釜山登陸，19 日後的 5 月 2 日克漢城，6 月 15 日陷平壤。5 月 8 日朝鮮國王李昖倉皇出奔平壤；但 5 月 27 日，日軍攻陷開城，李昖只能離開平壤，流亡至義州，並遣使向明朝求援。朝鮮的使臣除向萬曆皇帝遞交正式的國書外，更分別遊說閣臣、尚書、侍郎、御史、宦官，甚至表示願意內附於明朝，促使明朝儘快發兵。兵部侍郎宋應昌在上疏中說：「東保薊、遼，與日本隔絕，不通海道者，以有朝鮮也。關白之圖朝鮮，意實在中國；我救朝鮮，非止爲屬國也。朝鮮固，則東保薊、遼，京師鞏於泰山矣。」因此，明軍不久即準備渡過鴨祿江，出兵援助朝鮮，實爲與日本進行對戰。

明軍於 6 月 15 日開始率軍渡江，《宣祖實錄》載有 1,029 名士兵、馬 1,093 匹。[2] 此後，各明援軍集結，共 2,348 人、馬匹 2,622 匹。副總兵祖承訓始與日軍戰於平壤城。但遭鳥銃伏擊，導致全軍潰散，承訓僅以身免，朝廷震動。明軍平壤兵敗後，指揮權回到兵部手中，《宣祖實錄》載：「此賊非南方砲手不可制，

---

[1] 廣成子，《日本史記‧豐臣秀吉本紀》。
[2] 《李朝宣祖實錄》。

欲調砲手及各樣器械先到於此矣，待南兵一時前進，…今則霖雨頻數，道路泥濘…秋涼後方可發大軍前進剿滅，…偌大軍留義州及你國，…則你國糧料不敷，你國今且省了糧料，留備大軍之用，…發兵救援已有明旨，我天朝無有內外之別，寧有終始之異乎。」[1] 由上述朝鮮史料中，可以得知明朝大軍已經出發，並規劃未來要以中國內地後勤補給來支援作戰，來取得對日勝利。

明朝已於 10 月 16 日，集合約五萬大軍，更命李如松（李成梁次子）總理軍務，其弟李如柏、李如梅任副總兵官，同赴朝鮮作戰。《明史·李如松傳》載：

> 詔如松提督薊、遼、保定、山東諸軍，剋期東征。弟如柏、如梅並率師援勦。如松新立功，氣益驕，與經略宋應昌不相下。故事，大帥初見督師，甲冑庭謁，出易冠帶，始加禮貌。如松用監司謁督撫儀，素服側坐而已。十二月，如松至軍，沈惟敬自倭歸，言倭酋行長願封，請退平壤迤西，以大同江為界。如松叱惟敬憸邪，欲斬之。參謀李應試曰：「藉惟敬紿倭封，而陰襲之，奇計也。」如松以為然，乃置惟敬於營，誓師渡江。」[2]

元月 5 日，明軍包圍平壤城，小西行長眼看大勢已去，率領殘兵渡過大同江向漢城退卻。沿途明軍以佛朗機砲、虎蹲砲，滅虜砲等火砲數百門進行炮擊，擊斃數百日軍。李如松收復平壤、開城，並且進攻漢城。碧蹄館大戰、玉浦、泗川、唐浦、固城、栗浦及閒山島海戰，雙方決定議和。

萬曆二十五年（1597）正月，豐臣秀吉發動丁酉對朝戰爭。明神宗得知後，馬上下令革去兵部尚書石星等人的職務，令邢玠以兵部尚書出任總督，都御史楊鎬經略朝鮮軍務，再次派八萬大軍前往援朝。這次的抗倭之戰，歷經了：鳴梁海戰、蔚山城包圍戰、露梁海戰等大戰。1598 年 11 月，秀吉已於 8 月逝世消息已經傳開，整個日軍無心戀戰，全軍由蔚山撤離，明軍分道進擊，加藤清正率乘船撤退。可惜此戰名將李舜臣及鄧子龍陣亡，讓日軍成功撤退。明朝與朝鮮共出動約 15 萬軍，陣亡約 10 萬；日軍共出動 30 萬，陣亡約 15 萬軍。可見戰況之慘烈。

---

[1] 《李朝宣祖實錄》。
[2] 張廷玉，《明史記》，卷一百二十六〈李如松傳〉。

圖 6-13 援朝抗倭插畫

圖片來源：轉貼自「歷史風雲網」，版權歸原創者所有。

圖 6-14 日軍於釜山登陸

圖片來源：維基百科。

圖 6-15　朝鮮名將李舜臣與龜甲船

圖片來源：胡敏、馬學強著，《話說中國：集權與裂變-1368 至 1644 年的中國故事》，頁 196。

圖 6-16　明軍與朝鮮以神機箭抗倭插畫

圖片來源：C J Peers/Perry(ILT) , "Medieval Chinese Armies – 1260-1520AD." p30. Tumbull ,
"Siege Weapons of the Far East(2) AD960-1644." p26.

圖 6-17　韓國華城遺址

圖片來源：維基百科。

圖 6-18　明軍抗倭畫（左下騎白馬者爲李如松）

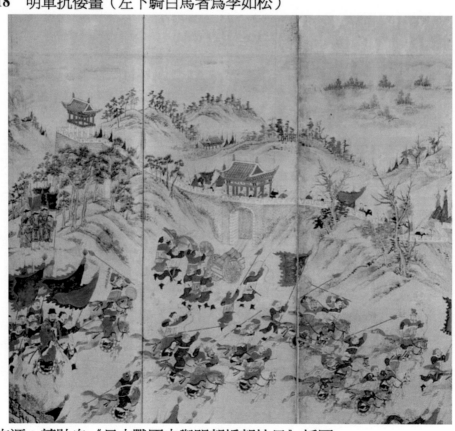

圖片來源：轉貼自《日本戰國史與明朝援朝抗日》插圖。

圖 6-19　包圍蔚山城

圖片來源：Tumbull, "Samurai Invasion - Japan's Korean War 1592 -1598." P213.日本維基百科。

149

圖 6-20　明軍與日軍於蔚山城大戰

圖片來源：Tumbull, "Japanese Castles in Korea 1592-98." Osprey, 2007. p50.

圖 6-21　露梁海戰

圖片來源：日本維基百科。

圖 6-22
日軍開戰初期囂張模樣及戰
敗後頹喪之想像畫

圖片來源：Киселев В.И.,
"Новый Солдат №211.
Пираты дальнего востока.
861-1639гг." Новый Солдат,
2002.

151

第四節　薩爾滸會戰

　　薩爾滸之戰發生於萬曆四十一年（1619），明朝和後金雙方在薩爾滸（今中國遼寧撫順）展開一場世紀決戰。戰爭結果是後金軍大敗大明軍隊，並且從而改變明與女真在遼東的戰略格局。萬曆四十六年（1618）四月十三日，努爾哈齊以「七大恨」[1]誓師，歷數大明帝國的七大罪狀，向朝廷宣戰。連陷撫順、東州、馬根單、撫安堡等地，撫順總兵李永芳乞求降後金，范文程亦降後金，副將王命印戰死殉國，又擊殺廣寧總兵張承蔭、副總兵頗廷相。七月，後金軍攻入鴉鶻關（今中國遼寧省新賓滿族自治縣葦子峪鎮），越過遼東邊牆攻佔清河堡（位於今中國遼寧省本溪市），守將鄒儲賢戰死。

　　四十七年（1619）春，「經略楊鎬誓師於遼陽，總兵官李如柏、杜松、劉綎、馬林分道出塞」，[2]直搗後金大本營赫圖阿拉。四路軍的主帥分別爲山海關總兵杜松、遼東總兵李如柏、開原總兵馬林和遼陽總兵劉綎。杜松部爲主力，出撫順關；劉綎驍勇善戰，但與楊鎬素不和，被派往東路，會合朝鮮王朝援軍，孤軍深入；馬林會合葉赫兵，出靖安堡攻其北；李如柏經清河堡，取鴉鶻關；總兵官秉忠、遼東部司張承基部駐守遼陽，作爲機動；李光榮率軍駐廣寧保障後方；副總兵竇承武駐前屯監視蒙古；以管屯都司王紹勳總管運輸糧草輜重。楊鎬本人則坐鎮瀋陽，居中指揮。明軍之軍情早已被後金軍知悉，使後金軍早有準備，集中兵力準備逐個擊破，以多戰少。然而，明軍杜松輕敵冒進，在薩爾滸被努爾哈齊打

---

[1]《清太祖高皇帝實錄》載：我之祖、父，未嘗損明邊一草寸也，明無端起釁邊陲，害我祖、父，恨一也。明雖起釁，我尚欲修好，設碑勒誓：「凡滿、漢人等，毋越疆圉，敢有越者，見即誅之，見而故縱，殃及縱者。」詎明複渝誓言，逞兵越界，衛助葉赫，恨二也。明人於清河以南、江岸以北，每歲竊窬疆場，肆其攘村，我遵誓行誅；明負前盟，責我擅殺，拘我廣寧使臣綱古裏、方吉納，挾取十人，殺之邊境，恨三也。明越境以兵助葉赫，俾我已聘之女，改適蒙古，恨四也。柴河、三岔、撫安三路，我累世分守疆土之眾，耕田藝穀，明不容刈獲，遣兵驅逐，恨五也。邊外葉赫，獲罪於天，明乃偏信其言，特遣使臣，遺書詬詈，肆行陵侮，恨六也。昔哈達助葉赫，二次來侵，我自報之，天既授我哈達之人矣，明又黨之，挾我以還其國。已而哈達之人，數被葉赫侵掠。夫列國這相征伐也，順天心者勝而 存，逆天意者敗而亡。何能使死于兵者更生，得其人者更還乎？天建大國之君即爲天下共主，何獨構怨於我國也。初扈倫諸國，合兵侵我，故天厭扈倫啓釁，惟我是 眷。今明助天譴之葉赫，抗天意，倒置是非，妄爲剖斷，恨七也。
[2]張廷玉，《明史》，卷二十一〈神宗本紀〉。

敗，傷亡四萬五千多人。後又擊破進攻吉林崖的杜松軍，杜松戰死，明西路軍覆

沒。繼而馬林敗逃開原，劉鋌戰死，此役更驚動明神宗，李如柏逃回清河，言官

交章論劾，「如柏懼，遂自裁。」[1] 薩爾滸之戰，是明朝在遼東地區的一場決定

性的會戰。後金軍以多勝少，取得了勝利，從而改變了遼東的戰略態勢。乾隆四

十一年（1776），乾隆皇帝在薩爾滸山建立《薩爾滸之戰書事碑》，並提詩曰：「鐵

背山頭殲杜松，手麾黃鉞振軍鋒；於今四海無爭戰，留得艱難締造蹤」。

圖 6-23　明軍與後金進行大會戰

圖片來源：　"Siege Weapons of the Far East(2) AD960-1644." Osprey, 2002. p27.

---

[1] 張廷玉，《明史》，卷二百三十八〈李如柏傳〉。

圖 6-24　後金與明軍之薩爾滸會戰

圖片來源：歷史群像，《戰略戰術兵器事典・中國中世・近代編》，頁 124-125。

圖 6-25　廣寧城

圖片來源：胡敏，馬學強著，《話說中國：集權與裂變－1368 年至 1644 年的中國故事》，頁 237。明代廣寧城位於今日中國北鎮市，是遼東的軍事重鎮，即廣寧衛。當時的遼東總兵李成梁即帶兵駐紮於此，並與後金女真族多次征戰，爭奪遼東疆土。

圖 6-26　滿洲八旗旗幟

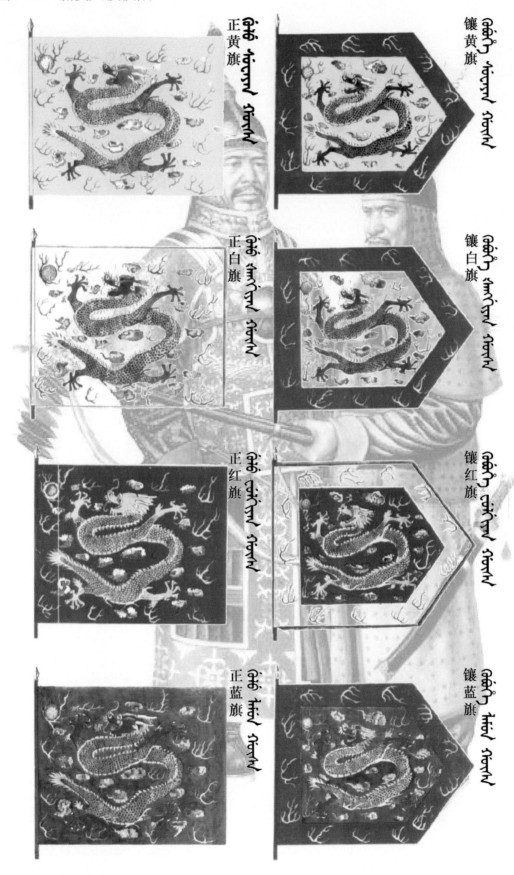

圖片來源：互動百科，八旗條。

圖 6-27　滿洲武士像

圖片來源：劉永
華，《中國古代軍
戎服飾》，頁 169。

圖 6-28　滿洲騎兵入關

圖片來源：C J Peers , "Late Imperial Chinese Armies - 1520-1840AD." Osprey, 2002. p27.

第七章 結語

　　自從五十萬年以前，遠古人類已知用火的開始，隨著時間的演進，冶煉鑄造的技術逐漸日新月異。中國自古以農立國，經濟的發展主要呈現在農業之上，其中「鐵器」可以說是古代生產力發展的重要標誌。根據考古的發現，春秋時期在今湖南地區已經有鐵器的出土，當時的鐵器用途十分地廣泛，是大多數農民不可缺少的工具，所以專門生產鐵器的「打鐵業」，於是開始蓬勃發展，這一系列的發展過程，演化成一部中國的科技文明史。

圖 7-1　明代南京琉璃彩磚、西遊記及《憲宗元宵行樂圖卷》中各式人物

圖片來源：劉煒主編，《中華文明傳真‧明：興與衰的契機》，頁 12、121、152。

第七章 結語

本文是以明代時期的兵器發展為研究目標,時間是界定從元末朱元璋將蒙古人驅逐回北方至清軍攻入北京城為止,總計約二百八十年左右的歷史。明代在中國歷史的長河裡,被許多歷史學者評價為較差的王朝,並指出朱明王朝的諸多缺點,像廢宰相;以嚴酷刑罰對待士大夫;宦官擅權干政;多數皇帝昏庸無能。不過,細究起明朝在中國歷史上,亦留下不少輝煌的成果及貢獻,如疆域的開拓與鞏固;西南地區的開發;制度的宏遠及創意;人文與科技的成就。繼之而來的清代仍多沿襲明制,足見朱明王朝在歷史地位上的重要性。本論文除緒論與結語外,共分為五章。第二章是研究明代時期兵器種類跟形制。明代可說是冷兵器的餘暉,此時的火兵器得到空前的發展,但冷兵器則仍屬軍隊必要之配備,其地位不可取代。第三章是探討明代攻守器械、水軍船艦的發展;更要探討中國古代最偉大的工程-「萬里長城」,它反映出建築技術的巨大成就,表現著人民的高度智慧和堅強毅力,顯示中華民族的悠久歷史及燦爛文化。第四章是論述明代火兵器在戰場上的軍事力量;以「火銃」、「火箭」和「火炮」為主。第五章為討論明代兵器的製造與保管。第六章為研究明代著名戰役:「鄱陽湖水戰」、「土木堡之役」、「壬辰朝鮮戰爭」及「薩爾滸會戰」。上述戰爭皆對明朝或藩屬起了決定性關鍵,尤其是在「朝鮮戰爭」,明軍在朝鮮打出國威,最終給日本致命的打擊。

在浩瀚的歷史文字中多的是王室的家譜和其政權的興替,而真正占有絕大多數的歷史活動之民間百態卻鮮少記載,其中與人們生活息息相關的鋼鐵工具業,便一直是建立文字歷史的學者們所輕率忽略,人類自進入鐵器生活以來,無論是聚落的形成或鄉村都市的發展,幾乎都與鐵器工具的利用進程密不可分,因此,鋼鐵工具生產與打鐵舖設置之重要性,當然就不可言喻了,由人類物質的文明之發展過程中,我們很容易發現,每一時代軍事科技的成就,幾乎就是當代尖端科技的代表,亦即兵器製作的能力,正是當代科技文明的櫥窗,今天亦然,因此,若欲探究歷朝歷代真正之文明程度,社會價值以及文化特質,若能從其兵器製作之技藝及其形制裝置著手,將是一條捷徑。

附錄一　大明名將介紹

素描來源：歷史群像，《戰略戰術兵器事典‧中國中世‧近代編》。

朱元璋於元至正十二年（1352）受好友湯和勸說，參加紅巾軍，投靠郭子興，由於指揮有方，不久便由一名小軍官逐漸升為副元帥，並娶郭子興養女馬氏（後為皇后）。至正十六年（1356年）朱元璋攻佔集慶（今南京），將這裡作為自己的根據地，並改名為應天府，從屬於劉福通、韓林兒的大宋龍鳳政權。朱元璋採取朱升「高築牆、廣積糧、緩稱王」的建議，採取穩健的進攻措施；得大富商沈萬三資助，並且遵照劉伯溫「先漢後周」之策略，先後擊敗了陳友諒、張士誠和方國珍等勢力，統一了江南地區。至正二十一年（1361年）朱元璋受小明王韓林兒封為吳國公。1364年自封為吳王。朱元璋在反元鬥爭中利用漢蒙民族矛盾，在北伐討元檄文中提出了「驅逐胡虜恢復中華」的口號。至正二十六年（1366年），太祖高皇帝派廖永忠迎接小明王韓林兒至應天，途中在瓜步渡長江時，韓林兒所乘船隻沉沒，韓遇難。後世多認為此乃朱元璋授意。至正二十八年正月初四（1368年1月23日），太祖高皇帝在應天稱帝，建國號明，年號洪武。以應天為「南京」，開封為「北京」。同年閏七月，大將徐達攻克大都，元朝覆亡。洪武十四年（1381年）雲南安定。洪武元年，大封諸將為公侯。初封六公，其中以五大將、一大臣為開國元勳。洪武二年正月初七（1369年2月16日），太祖命於雞鳴山立功臣廟。當時他告諭中書省臣說：「元末政亂，

禍及生靈。我倡義臨濠，以全鄉曲。繼率英賢渡大江，遂西取武昌，東定姑蘇，北下中原，南平閩廣，越十有六載，始克混一。」太祖共有二十六子，嫡長子朱標為皇太子，其餘皆分封為王。太祖除對官員要求嚴厲，也非常注意減輕民間普通百姓的負擔，主政期間，基本上實現輕徭薄賦，並救濟災民。太祖曾多次籌劃北伐蒙古以保障北方邊塞的安寧，大勝。並曾成功在甘肅擊敗王保保、在東北逼降納哈出、在蒙古高原幾乎活捉元主脫古思帖木兒。同時朱元璋進軍遼東，使朝鮮歸順。洪武三十一年閏五月初十（1398年6月24日），朱元璋駕崩於應天皇宮，葬紫金山孝陵。後世康熙歷次南巡必拜孝陵，曾立碑「治隆唐宋」讚譽朱元璋。維基百科

附錄一 大明名將介紹

戚繼光（嘉靖七年閏十月初一—萬曆十五年十二月初八日，1528 年 11 月 12 日－1588 年 1 月 5 日），字元敬，號南塘，晚號孟諸。明代抗倭將領，軍事家，與俞大猷齊名。山東登州人。一說祖籍安徽定遠，生於山東濟寧。於浙、閩、粵沿海諸地抗擊來犯倭寇，歷十餘年，大小八十餘戰，終於掃平倭寇之患，被現代中國譽為民族英雄。卒諡武毅。戚繼光從小受其父戚祥嚴格教育，戚祥一發現其缺點，會嚴厲批評。嘉靖二十七年（1548 年）兵部主事計士元，推薦戚繼光「留心韜略，奮跡武闈。管屯而俗弊悉除，奉職而操持不苟。」，更獲得張居正信任。戚繼光從浙江義烏募集礦工和農民，編練戚家軍。嘉靖三十九年（1560 年），戚繼光創立「鴛鴦陣」，以一隊十二人為基本單位，最前排是隊長和兩個刀牌手，第三和第四排各兩名長槍手各護住一牌一筅，攻防兼宜，適合於山林、道路、田埂等狹窄地形。嘉靖四十年（1561 年），倭寇大舉侵犯台州，戚家軍大破倭寇於浙江臨海，九戰九捷。嘉靖四十二年（1563 年），與福建總兵俞大猷、廣東總兵劉顯等創平海衛大捷。從此倭患終被蕩平。戚繼光曾為詩：「南北驅馳報主情，江花邊月笑平生，一年三百六十日，多是橫戈馬

上行。」萬曆十一年（1583 年），張居正死後，被楊四畏排斥，被調到廣東任鎮守，鬱鬱以終，晚年家徒四壁、醫藥不備，他的妻子遺棄了他。萬曆十五年（1588 年）十二月十二日，逝世於蓬萊故里。著有《紀效新書》、《練兵實紀》。黃仁宇在《萬曆十五年》一書曾指出戚繼光有巴結權貴，秘密納妾，崇尚迷信等缺點。戚繼光還用重金購買稱為「千金姬」的美女送給張居正。有一年除夕，總兵府中竟因為缺乏炊米之薪而不能及時辭歲。可是北京著名餐館的名菜，如妙手胡同華家的煮豬頭，卻由百十裏外走馬傳致。戚繼光生前娶妾三人，生子五人其夫人竟不知將門有子。《明史》本傳說戚繼光與俞大猷「均為名將，操行不如而果毅過人」。維基百科

萬曆二年（1574 年）正月初二申時，秦良玉生於一個歲貢生的家庭。她自幼深受封建家庭「執干戈以衛社稷」的思想影響，從其父秦葵操練武藝，演習陣法，顯露出一般女子所難企及的軍事才能，素以「饒膽智、善騎射、熟韜略、工詞翰、儀度嫻雅、而馭下嚴峻」稱著於世。萬曆二十七年（1599 年），與其夫千乘到播州（今遵義）參加平定楊應龍叛亂之戰，扼賊鄧坎。《明史》載道：「明年正月二日，賊乘官軍宴，夜襲。良玉夫婦奮擊敗之，追入賊境，連破金築等七寨。已，偕諸酉陽諸軍直取桑木關，大敗賊眾，為南川路戰功第一。賊平，良玉不言功」。女將軍稱號遂傳開。萬曆四十一年（1613 年），八月，馬千乘因開礦事得罪太監邱乘雲，瘐死雲陽獄中。按土司夫死子襲，子幼則妻襲之制，秦良玉襲任石砫宣撫使。萬曆四十八年（1620 年），二月，後金兵入侵遼東，朝廷詔令徵兵援遼。良玉遣其兄邦屏、弟民屏率五千精兵先行，接著自統精卒三千與子祥麟赴遼東戰場。邦屏、民屏率兵抵遼陽後奉命鎮守瀋陽西南渾河附近。天啓元年(1621 年)，三月，後金兵圍困瀋陽。邦屏等奉命馳援，兵至渾河，悉瀋陽失守，眾軍同仇敵愾，「白杆兵」一馬當先，勇渡渾河。在橋北結營未緒，即遭敵四面襲擊，與友軍以萬餘人抵敵數萬人，

殺敵數千人。崇禎四年（1631 年），秦良玉在保衛大凌河築城戰鬥中，再建「首功」。崇禎十七年（1644 年），督師楊嗣昌盡驅賊入川。張獻忠、羅汝才聯軍再犯四川，秦良玉馳援夔州，然不敵聯軍，因川撫邵捷春不用其計，以致全川淪陷，秦良玉退回石柱。南明隆武二年（1646 年），清軍攻佔北京，秦良玉毅然接受隆武政權賜封太子太保、忠貞侯封號以及「太子太保總鎮關防」官印，繼續高舉扶明抗清的旗幟，準備前往福建抗清，然未能成行。南明永曆二年（1648 年），永曆皇帝派人加秦良玉太子太傅，授「四川招討使」。久臥病床的一代女豪傑，聞之瞿然而起，拜伏受詔，感泣道：「老婦人朽骨餘生，實先皇帝（崇禎）恩賜，定當負弩前驅，以報皇恩！」清順治五年（1648 年）五月二十一日，秦良玉薨于大都督府玉音樓，葬於石柱縣東 3 公里處、龍河北岸的回龍山（今石柱縣大河鄉鴨椿村），享年 75 歲，南明朝廷諡號「忠貞」。百度百科

附錄一 大明名將介紹

努爾哈齊在明世宗嘉靖三十八年（1559 年）出生於建州左衛蘇克素護部赫圖阿拉城（後改稱興京，今中國遼寧省撫順市新賓縣）。祖父覺昌安、父塔克世爲建州左衛指揮，母爲顯祖宣皇后。在當時的東北地區，最主要的軍事力量是遼東總兵李成梁的部隊。他利用女真各部落之間以及和其他民族部落之間的矛盾縱橫捭闔，以控制局勢。明朝建州右衛指揮使王杲於萬曆二年（1574 年）叛明被李成梁誅殺。王杲的兒子阿台章京得以逃脫，回到古勒寨（今新賓上夾河鎮古樓村）。阿台之妻是覺昌安的孫女，所以阿台既是努爾哈齊的舅舅，也是努爾哈齊的堂姐夫。萬曆十一年（1583 年）李成梁攻打古勒寨。覺昌安、塔克世進城去探望，因戰事緊急被圍在寨內。建州女真蘇克素滸河部圖倫城的城主尼堪外蘭在李成梁的指揮下誘阿太開城，攻破古勒寨之後屠城，覺昌安、塔克世也未能倖免。努爾哈齊和他的弟弟舒爾哈齊在敗軍之中，因儀錶不凡，被李成梁的妻子放走。

努爾哈齊歸途中遇到額亦都等人擁戴，有十三副盔甲作爲裝備。明朝「敕書三十道，馬三十匹，封龍虎將軍，復給都督敕書」。1587 年，在「建州老營」的廢址上建城，該城在 1621 年後金遷都遼陽後被稱爲佛阿拉，即「舊老城」。據《滿洲實錄》，1599 年努爾哈齊採用了蒙古文字而爲滿語配上了字母。1603 年遷都到赫圖阿拉。1616 年明萬曆四十四年，努爾哈齊在赫圖阿拉稱「覆育列國英明汗」，國號「大金」，成爲後金大汗。1618 年明萬曆四十六年，努爾哈齊頒布「七大恨」，起兵反明。1619 年，明徵集十四萬軍隊討伐努爾哈齊。努爾哈齊在薩爾滸之戰，大敗明軍。1621 年努爾哈齊遷都遼陽，興建東京城。天啓二年即天命七年（1622 年），努爾哈齊大敗遼東經略熊廷弼和遼東巡撫王化貞，奪取明遼西重鎮廣寧，熊廷弼兵敗被斬，王化貞下獄論死。1625 年努爾哈齊遷都瀋陽。1626 年，努爾哈齊發起寧遠之戰，明朝守將袁崇煥以葡萄牙製的紅夷大炮擊敗之，兵退盛京。八月初七，病逝於靉雞堡，終年六十八歲。維基百科

圖片來源：東都地本錦繪問屋，山田屋庄次郎。

鄭成功（1624 年 8 月 27 日－1662 年 6 月 23 日），幼名福松，名森，字明儼，詣明末大儒錢謙益時受字大木。南明唐王隆武帝賜國姓朱，更名成功，故又稱鄭國姓、國姓爺；南明桂王永曆帝封他爲延平郡王，故又稱鄭延平。荷蘭等西洋國家根據「國姓爺」的閩南語發音 Kok-sèng-iâ，稱之爲「Koxinga」。鄭成功是南明抗清名將，父爲海盜出身的南明將領鄭芝龍，母爲日本人田川氏。鄭成功祖籍福建泉州石井（現拆分爲晉江安海鎮，南安石井鎮），出生於日本九州平戶藩。他在鄭芝龍投降清朝而被俘後，領軍和清朝對抗十五年，是南明最主，

要的抗清勢力，期間一度以大軍包圍南京，但功敗垂成。他並率軍渡過台灣海峽，擊敗荷蘭東印度公司的軍隊並接收其領地，建立台灣第一個漢人政權，史稱明鄭時期。1661 年康熙帝初即位，鄭氏降將黃梧向清廷建議「平賊五策」，內容包括長達 20 年的遷界令，自山東至廣東沿海廿裏，斷絕鄭成功的經貿財源；毀沿海船隻，寸板不許下水；同時殺成功之父鄭芝龍於寧古塔流徒處；挖鄭氏祖墳；移駐投誠官兵，分墾荒地。鄭成功接連聽聞噩耗，加上在台將士水土不服人心惶惶，其子鄭經又在澎湖與乳母私通，使得鄭成功內外交逼，於永曆十六年五月（1662 年 6 月 23 日）急病而亡，死前大喊：「我無面目見先帝於地下」，抓破臉面而死，年僅 39 歲。原葬臺南近郊洲仔尾（今屬永康市）。1699 年遷葬南安祖墓。鄭成功的兒子鄭經繼續經營台灣，改東都爲東寧。依陳永華之議，移植明朝中央官制，仍奉已死的南明永曆帝之正朔。維基百科

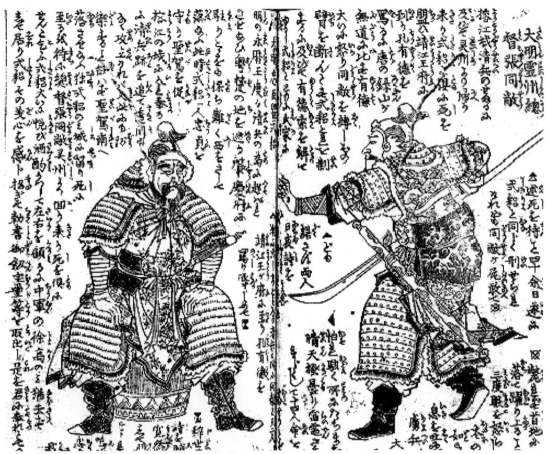

圖片來源：東都地本錦繪間屋，山田屋庄次郎。

瞿式耜

瞿式耜（1590－1650），字起田，號稼軒，江蘇常熟人。拜錢謙益爲師，萬曆四十四年（1616年）進士，任吉安永豐知縣，有德政。崇禎一朝時官至戶科給事中。晚年參加抗清活動，擁立桂王朱由榔，桂王以式耜爲內閣大學士兼吏部右侍郎攝尚書事；駐守桂林，三次擊退清軍進攻。1650年，城破被捕，囚於桂林風洞山臨時監獄，作《浩氣吟》。42天後，永曆四年閏十一月十七日（1651年1月8日）與張同敞在桂林風洞山仙鶴嶺下就義，有絕命詩：「從容待死與城亡，千古忠臣自主張。三百年吏恩澤久，頭絲猶帶滿天香。」維基百科

張同敞

張同敞（？－1650），字別山，湖北江陵人，爲大政治家張居正的曾孫。南明永曆年間，擔任南明兵部侍郎、總督廣西各路兵馬兼督抗清軍任務，又因其「詩文千言，援筆立就」，文武雙全，所以，永曆皇帝援予他翰林院侍讀學士。詩人、政治家。曾拜瞿式耜爲師，與瞿式耜一同在湖廣地區舉行抗清活動，後同守桂林。1650年，漢奸孔有德率清兵攻入桂林城，被俘不屈，與瞿式耜一同就義，其墓位於桂林市七星區朝陽鄉唐家村東側。著有《張忠烈遺集行世》等等。張同敞絕命詩：「一月悲歌待此時，成仁取義有天知；衣冠不改生前制，名姓空留死後詩。」百度百科

圖片來源：東都地本錦繪間屋，山田屋庄次郎。吳三桂降清畫。

吳三桂

吳三桂（1612－1678）。明朝遼東人，
祖籍高郵，字月所，錦州總兵吳襄之
子。以父蔭襲軍官。崇禎時爲遼東總
兵，封平西伯，鎮守山海關。1644
年降清，引清軍入關，被封爲平西
王。1673 年叛清，發動三藩之亂，並
於 1678 年病死。部分人認爲，由於
他作爲漢人，卻與滿清勾結，導致大
順政權及南明政權等漢人政權的覆
亡，故他的行爲應被視爲「漢奸」。
因此故經常有人拿「現代吳三桂」這
個稱號來攻擊對手。另外，亦有人認
爲，他引導清軍的行爲在客觀上促進
了國家統一和民族融合，具有正面意
義，不應影響他做爲愛國英雄的地
位。維基百科

圖片來源：胡敏，馬學強著，《話說中國：集權與
裂變－1368 年至 1644 年的中國故事（明）》，頁 295。

附錄一 大明名將介紹

鄭芝龍（1604－1661），號飛虹、飛黃，小名一官，中國福建泉州府南安石井鄉人，明朝末年以中國南部及日本等地為活躍舞臺的商人兼海盜。以所經營的武裝海商集團著稱，發跡於日本平戶藩。在西方文獻中，則以「Iquan」（一官）聞名於世；「Quon」、「Iquon」、「Iquam」、「Equan」所指均為其人。此外，芝龍多才多藝，通日文、荷蘭文、西班牙文、葡萄牙文多種外語，且能演奏樂器西班牙吉他等。父鄭紹祖（一說為鄭士表）為泉州知府蔡善繼的庫吏。鄭芝龍弟三人：鄭芝虎、鄭芝鳳（鄭鴻逵）、鄭芝豹。子鄭成功，受封南明延平郡王，以金門、廈門及臺灣為根據地謀明朝之復國。順治元年（1644年），南明弘光皇帝冊封

圖片來源：東都地本錦繪問屋，山田屋庄次郎。

鄭芝龍為南安伯，福建總鎮，負責福建全省的抗清軍務。1645 年，鄭芝龍、鄭鴻逵兄弟在福州奉明唐王朱聿鍵為帝，年號隆武，鄭芝龍被冊封為南安候，負責南明所有軍事事務。1646 年，僅帶心腹從人北上降清。同年不久後，清軍攻克福建，擒隆武帝朱聿鍵，其子鄭成功遂至孔廟焚儒服哭廟後率部出海，繼續抗清。而鄭芝龍，卻遭貝勒博洛挾持到北京。芝龍先是被編入漢軍正黃旗，再轉鑲紅旗，1648 年賜三等子爵，1653 年晉封同安伯。。為安撫鄭成功，清朝對投降的鄭芝龍優待有加，芝龍數奉皇帝令命其子鄭成功投降，鄭成功均堅辭不受。1655 年，有人劾鄭芝龍縱子叛國，被命充軍吉林甯古塔。1660 年，福建巡撫佟國器報截獲鄭芝龍與鄭成功私信，議政王大臣會議遂以「通海」罪名奏請將鄭氏全家斬首，後改為流徙甯古塔。1661 年，康熙帝繼位，蘇克薩哈矯頒詔斬鄭芝龍於甯古塔。維基百科

復明後繼者

圖片來源：東都地本錦繪問屋，山田屋庄次郎。

朱一貴

朱一貴（1690－1722）年輕時在鴨母寮養鴨，為人豪爽，人稱「小孟嘗」、「鴨母王」。康熙六十年（1721），鳳山縣知縣出缺，暫由知府王珍兼理，王珍把知縣職務交由兒子管理，但王珍子利用職權橫徵暴斂，引起不滿。眾人遂推朱一貴為盟主，下淡水溪杜君英響應，合作攻取臺灣府城；響應者有許多是明鄭時期將校武官，攻下臺灣府城後，朱一貴承襲明朝的制度，國號大明，年號永和。朱一貴旋即稱王，名曰中興王，但後來因閩粵內鬨分裂，導致其近二個月即遭清軍撲滅，清軍亦藉此事徹底掃蕩拔除南明殘餘軍隊。維基百科

杜君英

杜君英（1657－1721）。廣東海陽人，乃傭工之子，約五十歲時來臺，居鳳山之下淡水。康熙六十年（1721）聞朱一貴起兵，揭旗應。遂入郡城，尋全臺俱得，眾奉朱一貴為「大明中興王」，建元「永和」，被封為國公。君英初入府時，欲立其子會三為王，眾不服，恚甚，而每事驕蹇，掠婦女七人閉署中。一貴讓責之，不聽，乃命將討之。君英敗，率粵人數萬北走虎尾溪，駐偵兒干。逮清大兵入臺，朱一貴被擒，亂次第平。而君英尚處羅漢門山中，清將藍廷珍遣人說之降，遂出而就撫，越三日其子會三亦出。其後被紿至廈門，解送北京，俱斬於市。張子文，臺灣人物小傳。

附錄一 大明名將介紹

圖片來源：皇甫江，《中國刀劍》，頁116。罩甲提督，王瓊事跡圖，劉剛臨摹。

王瓊（1459－1532），字德華，號晉溪，別署雙溪老人，山西太原（今太原市晉源鎮）人。明代大學士李東陽撰書的《太原王氏柳林世墓碑銘》中說：「王之族系出周靈王太子晉，漢、晉、隋、唐曆有顯者」。又說，「元有子實處士居邑西讟石（今太原市姚村鄉讟石村），次子良仕元知潞州」。碑銘中提到的王良，就是王瓊的高祖。碑銘中又說：「元末大動亂中，良子伯聚"亦繼負子女避亂於外"」。明初始定居汾東柳林（今太原市劉家堡）。這就是說王瓊確系太原王氏後果，最遲在宋、元以後仍世居太原。王瓊的祖父叫王安，伯父名永壽，明天順年間官至南京工部尚書。父名永亨，成化年間任隆慶知州，始建新第於縣城東街。王瓊于明成化二十年（1484 年，時年二十六歲）登進士。他曆事成化、弘治、正德和嘉靖四個皇帝。由工部主事六品之官，直做到戶部、兵部和吏部尚書一品大員。特別在正德十年到正德十五年間的五年中，因執掌兵部，有特殊功勳，連進「三孤」（少保、少傅、少師）、「三輔」（太子太保、太子太傅、太子太師）。五年之中，受如此「加官恩典」，在明代歷史上也是少見的。王瓊一生做了三件被人稱讚的大事。一是治理漕河（運河）三年，「敏練著稱」。二是，平定宸濠叛亂，「任人（王陽明）唯賢」。三是，總制西北邊防，「功在邊陲」。因此，歷史上稱他和于謙、張居正為明代三重臣。維基百科

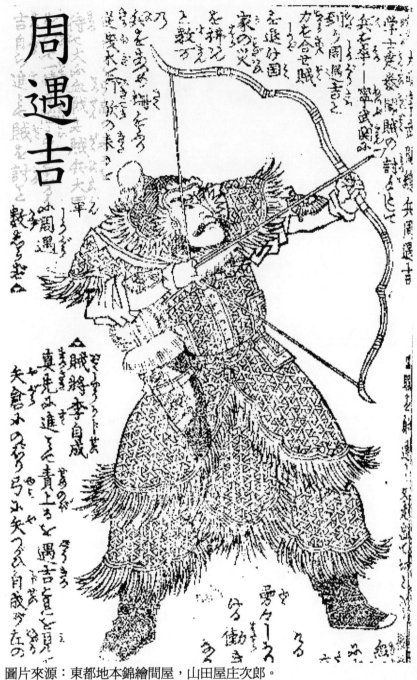

周遇吉（？-1644），字萃菴，明末錦州衛人，勇武善射，加入行伍之後，在與後金的作戰中極為勇敢，衝鋒陷陣總是沖在最前，憑藉著戰功逐漸從普通士卒提拔為明朝軍隊的京營遊擊。京營原是土木堡之變後，為扭轉衛所兵士戰鬥力下降而由兵部侍郎于謙改革兵制招募的一支軍隊，號稱營兵，因為全部駐紮於北京，亦稱京營。到了明朝末年，京營將領很多都是靠家庭背景和裙帶關係取得職位的官宦子弟，他們對於出身下層忠厚魯直的周遇吉頗為輕視，周遇吉曾對他們說：「各位都是家世良好的紈褲子弟，只怕將來難以征戰疆場，平時為什麼不勤於操練以抱效國家，而愧對朝廷的俸祿呢？」他的這一席話招來了同僚們的嘲笑，

圖片來源：東都地本錦繪間屋，山田屋庄次郎。

周遇吉先後轉戰於河南、湖北等地，因屢獲戰攻，加封為太子少保、左都督。1642 年冬季，出任山西總兵，加強練兵，積極備戰。第二年冬季，李自成攻佔陝西，準備取道山西進攻北京，周遇吉與山西巡撫蔡懋德分別佈置河防，並向京師求援，但時已無兵可調，僅派副將熊通率二千士卒助戰，周遇吉留下熊通防守黃河後，趕赴代州為北京建立防線。1644 年正月，平陽守將陳尚智投降李自成，勸降熊通，並遊說周遇吉。周遇吉見到熊通後，怒斥後怒斬熊通。周遇吉率軍突圍後守甯武關。「流寇」李自成，也追殲這支弱旅。甯武關地勢險要，周遇吉頑強抵抗，李自成一度放棄，但部將一再堅持，再次猛攻，終於攻破甯武關。周遇吉繼續指揮巷戰，身中數箭被生擒，流寇將周遇吉懸吊於高竿上亂箭射死。其妻劉氏率幾十名婦女拒守公廨，但全被流寇燒死。福王在南京即位之後，追封周遇吉為太保，諡號忠武。百度百科

附錄一 大明名將介紹

明朝將領李如松（1549-1598），이여송，朝鮮族，字子茂，號仰城，遼東鐵嶺衛人，遼東總兵李成梁之長子。萬曆十一年（1583），李如松升山西總兵官。萬曆二十年（1592），率軍平定寧夏叛亂。同年，壬辰戰爭開始，李奉命為東征提督援朝抗倭，率四萬三千餘兵渡鴨綠江。萬曆二十一年（1593），打敗日將小西行長，獲平壤捷，雙方進行和談。李如松在平壤大捷後，欲乘勝追擊日軍，孰料日軍立花宗茂領三千兩百名騎兵正在礪石嶺，如松得知先鋒已經交戰迅速展開為鶴翼之陣，於礪石嶺北方重整軍陣。近午時分，突然日軍先鋒兩萬人，如小早川隆景、毛利元康、小早川秀包、吉川廣家等出現佔領望客硯，後面還有

還有日軍兩萬。李如松且戰且退，明軍頓時如被包圍。此時明將皆各自作戰，其中李有昇遭刺殺，不久副總兵楊元率援軍到來，李寧的砲營發砲轟擊，日軍方始退軍。日方記載明軍為 20,000 人。清載「諸營上軍籍，死亡殆二萬」。然《宣祖實錄》記載明軍大勢依然，二萬當是虛說。因日軍未控制戰場，此役平手。但此役後，明軍退守平壤。兵部尚書石星主議和，乃命萬曆二十一年（1593）李如松班師，加太子太保。二十五年（1597）調任遼東總兵。次年，韃靼犯遼東，李如松率輕騎進擊，遇韃靼萬人，不敵身亡，卒年五十。贈少保寧遠伯，立祠諡忠烈，以其弟如梅代遼東總兵官（時值萬曆壬辰倭亂，李如梅遠從朝鮮戰場趕回遼東）。維基百科

圖片來源：大明帝國網 www.1368-1644.com、www.cww2.net，萬曆朝戰爭。2009/8/20

附錄二　參考書目

（一）　官書典籍

王圻纂輯，《三才圖會》，一一二卷，臺北：國家圖書館藏明萬曆三十七年原刊本。

吳時來，《江防考》，六卷，臺北：中央研究院傅斯年圖書館藏明萬曆五年刊本。

宋濂等，《元史》，臺北：新文豐出版公司，1975。

宋應星，《天工開物》，一八卷，上、下兩冊，臺北：金楓出版有限公司，1987。

李昭祥，《龍江船廠志》，八卷，臺北：正中書局，1985，據國家圖書館藏明嘉靖
　　癸丑（三十二年）刊本。

王在晉，《通漕類編》，九卷，臺北：臺灣學生書局，1970，據國家圖書館藏明天
　　啓崇禎年間刊本景印。

李東陽等奉敕撰、申明行等奉敕重修，《大明會典》，二二八卷，臺北：文海出版
　　社，1964。

汪應蛟，《海防奏疏》，二卷，臺北：漢學研究中心景照明刊本。

侯繼高，《全浙兵制考》，三卷，臺北：漢學研究中心景照萬曆二十年序刊本。

姚錫禧編，《戚將軍練兵日記》，一二卷，臺北：漢學研究資料中心景照日本江戶
　　寫本。

胡宗憲，《籌海重編》，一二卷，臺北：國家圖書館藏影鈔明刊本。

胡宗憲，《籌海圖編》，一三卷，臺北：國家圖書館藏明天啓四年新安胡氏重刊本。

范淶，《兩浙海防類考續編》，臺北：臺灣學生書局，1987，據國家圖書館藏明萬
　　曆壬寅（三十年）浙江官刊本景印。

茅元儀，《武備志》，二四〇卷，《中國兵書集成》，瀋陽：解放軍出版社，1987，
　　據明天啓刻本景印。

附錄二 參考書目

夏原吉等，《明實錄》，三〇四五卷，臺北：中央研究院史語所，1984。

席書編次、朱家相增修，《漕船志》，八卷，臺北：正中書局，1981，據國家圖書館藏明嘉靖甲辰（二十三年）刊本。

張燮，《東西洋考》（人人文庫），一二卷，臺北：臺灣商務印書館，1971。

許孚遠、陳子龍、宋徵璧等編，《皇明經世文編》，五〇八卷，臺北：國風出版社，1964，據國家圖書館珍藏明崇禎間平露堂刊本景印。

鄧士龍輯，許大齡、王天有主點校，《國朝典故》，一一〇卷，北京：北京大學出版社，1993。

谷應泰，《明史紀事本末》（《文淵閣四庫全書》史部），八〇卷，臺北：臺灣商務印書館版。

張廷玉，《明史》，三三二卷，臺北：鼎文書局，1987。

龍文彬，《明會要》，八〇卷，臺北：世界書局，1965。

杜佑，《通典》，北京：中華書局，1996。

紀昀奉敕撰，《四庫全書總目提要》，臺北：臺灣商務印書館，1965。

馬端臨，《文獻通考》，臺北：新興書局，1963。

許慎撰、段玉裁注，魯實先補正，《說文解字注》，臺北：黎明書局，1991。

陳夢雷，《古今圖書集成》，臺北：鼎文出版社，1985。

劉熙撰，畢沅疏證，《釋名疏證》，北京：中華書局，1985。

（二） 專書著作

林智隆，《古代兵器大展專輯》，高雄：國立科學工藝博物館，2005。

林智隆，《古代兵器特展展示的內容委託研究報告》，高雄：國立科學工藝博物館，2004。

林智隆，陳鈺祥，《宋遼夏金元兵器研究初稿》，臺北：文史哲出版社，2008。

毛佩琦、王莉，《中國明代軍事史》，北京：人民出版社，1994。

胡敏，馬學強著，《話說中國：集權與裂變－1368 年至 1644 年的中國故事（明）》，
　上海：上海文藝出版社，2005。

王冠倬，《中國古船》，北京：海洋出版社，1991。

王冠倬，《中國古船圖譜》，北京：生活・讀書・新知三聯書店，2001。

包遵彭，《中國海軍史》上冊，臺北：中華叢書編審委員會印行，1970。

王冠倬、王嘉，《中國古船揚帆四海》，北京：人民教育出版社，1996。

白壽彝，《中國交通史》，北京：商務印書館，1993。

林仁川，《明未清初私人海上貿易》，上海：華東師範大學出版社，1987。

林爲楷，《明代的江防體制》，臺北：中國文化大學史學研究所碩士論文，1998。

姚楠、陳佳榮、丘進，《七海揚帆》，臺北：臺灣中華書局，1993。

唐志拔，《中國艦船史》，北京：海軍出版社，1989。

席龍飛，《中國造船史》，武漢：湖北教育出版社，2000。

鄭廣南，《中國海盜史》，上海：華東理工大學出版社，1999。

駐閩海軍軍事編纂室，《福建海防史》，廈門：廈門大學出版社，1999。

戴裔火宣，《明代嘉隆間的倭寇海盜與中國資本主義的萌芽》，北京：中國社會科
　學出版社，1982。

鐘少異主編，《中國古代火藥火器史研究》，北京：中國社會科學出版社，1995。

上海市戲曲學校中國服裝史研究組編著，《中國歷代服飾》，上海：學林出版社，
　1984。

中國之翼出版社，《兵器戰術圖解》，臺北：中國之翼出版社，2001。

中國民族博物館編，《中國民族服飾研究》，北京：民族出版社，2003。

中國國家博物館，《文物中國史—明清時代》，香港：中華書局，2004。

王兆春，《中國古代兵器》，臺北：商務書局，1994。

王其坤主編，《中國軍事經濟史》，北京：解放軍出版社，1991。

附錄二 參考書目

地球出版社，《中國文明史—明代》，臺北：地球出版社，1992。

成東，鍾少異，《中國古代兵器圖集》，北京：解放軍出版社，1990。

吳澤主編，《圖說中國歷史》，臺北：明天國際圖書出版社，2006。

李亦園，《文化的圖像：宗教與族群的文化觀察》，臺北：允晨文化，1992。

杜文玉等編著，《圖說中國古代兵器與兵書》，西安：世界圖書出版社，2007。

沈從文編著，《中國古代服飾研究》，臺北：南天書局，1988。

周汛、高春明，《中國古代服飾風俗》，臺北：文津出版社，1988。

周汛、高春明，《中國衣冠服飾大辭典》，上海：上海辭書出版社，1996。

周緯，《中國兵器史稿》，北京：三聯書局，1957。

周錫保，《中國古代服飾史》，北京：中國戲劇出版社，1991。

俞劍方，《中國繪畫史》，臺北：臺灣商務印書館，1968。

段清波，《中國古代兵器》，四川：四川教育出版社，1998。

皇甫江，《中國刀劍》，北京：明天出版社，2007。

張其昀，《中國軍事史略》，臺北：中華文化出版事業委員會，1956。

郭鳳翁，《兵器發展史》，臺北：編著者，1993。

陸明哲，《中國歷史圖鑑》，臺北：典藏閣出版社，2006。

陸敬嚴，《圖說中國古代戰爭戰具》，北京：同濟大學出版社，2006。

凱風，《中國甲冑》，上海：上海古籍出版社，2006。

蔣豐維，《中國兵器事典》，臺北：積木文化，2008。

楊泓，《中國古兵器論叢》，臺北：明文書局，1983。

楊毅，楊泓，《兵器史話》，臺北：國家出版社，2003。

劉永華，《中國古代軍戎服飾》，上海：上海古籍出版社，2003。

劉申寧，《中國古代兵器》，山東：山東教育出版社，1997。

劉煒主編，《中華文明傳真・明：興與衰的契機》，香港：商務書局，2002。

歷史群像，《戰略戰術兵器事典・中國中世・近代編》，東京：學研研究社，1995。

歷史群像，《戰略戰術兵器事典・中國古代編》，東京：學研研究社，1995。

歷史群像，《戰略戰術兵器事典・日本戰國編》，東京：學研研究社，1995。

戴逸、龔書鐸主編，《彩圖版中國通史》，臺北：漢宇國際文化出版社，2006。

中國歷史大辭典明史編纂委員會編，《中國歷史大辭典・明史卷》，上海：上海辭書出版社，1995。

軍事科學院主編，《中國軍事通史—明代軍事史》，北京：軍事科學出版社，1998。

劉申寧，《中國兵書總目》，北京：國防大學出版社，1990。

譚其驤主編，《中國歷史地圖集》，第七冊（元・明時期），上海：地圖出版社，1982。

C J Peers/Perry(ILT)，"Imperial Chinese Armies - 590-1260AD." Osprey, 2002.

C J Peers/Perry(ILT)，"Soldiers of the Dragon：Chinese Armies 1500 BC - AD 1840" Osprey, 2006.

Tumbull, Stephen/ Reynolds, Wayne (ILT)，"Fighting ships of the far east(1) 612BC- AD 1419." Osprey, 2002.

Tumbull, "Fighting ships of the far east(2) AD 612- AD 1369." Osprey, 2002.

Tumbull, "Siege Weapons of the Far East(1) AD612-1300." Osprey, 2001.

Tumbull, "Samurai Invasion - Japan's Korean War 1592 -1598." Cassell, 2002.

Tumbull, "The Samurai Invasion of Korea 1592-98." Osprey, 2008.

Tumbull, "Japanese Castles in Korea 1592-98." Osprey, 2007.

Киселев В.И., "Новый Солдат №211. Пираты дальнего востока. 861-1639гг." Новый Солдат, 2002.

（三）　期刊論文

尹章義，〈湯和與明初東南海防〉，《國立編譯館館刊》，六卷一期（1977），頁

附錄二 參考書目

93-133。

方楫，〈明代的海運和造船工業〉，《文史哲》，第五期（1957），頁 46-52。

林仕梁，〈明代漕軍制初探〉，《明清史》，第十一期（1990），頁 3-11。

南炳文，〈明初軍制初探〉，《南開史學》，第一期（1983），頁 138-158。

范中義，〈明代海防述略〉，《歷史研究》，第三期（1990），頁 44-54。

唐文基，〈明代的漕軍和漕船〉，《明清史》，第三期（1990），頁 3-13。

鮑彥邦，〈明代運軍的編制、任務及簽補制度〉，《明清史》，第九期（1992），頁
   23-33。

謝方，〈鄭和海外用兵略論〉，《海交史研究》，第二期（1992），頁 13-20。

何林夏，〈一部稀見的明代軍事志《蒼梧總督軍門志》〉，《軍事歷史》，第一期
   （1994），頁 53-55。

龔勝泉，〈十八世紀中西方武器裝備的比較研究〉，《綿陽師範學院學報》，二十二
   卷第四期（2003），頁 34-40。

徐新照，〈明代火器文獻中的科技成就及其對軍事的影響〉，《軍事歷史研究》，第
   二期（2000），頁 117-126。

朱子彥，〈明代火器的發展、運用與軍事領域的變革〉，《學術月刊》，第五期
   （1995），頁 81-86。

徐奎，〈明代火器的運用與軍事學術的發展〉，《軍事歷史》，第三期（2002），頁
   33-35。

羅冬陽，〈明代兵備初探〉，《東北師大學報》，第一期（1994），頁 15-21。

王珂，〈明代的火器制造及管理制度〉，《河南大學學報》，三十八卷第五期（1998），
   頁 62-65。

沈瑞英，〈略論明清軍事文化發展與西學東漸〉，《軍事歷史研究》，第三期（2000），
   頁 109-115。

段克發等，〈《劍經》研究〉，《體育科學研究》，五卷第一期（2001），頁 16-18。